Erläuterungen und Dokumente

Robert Schneider
Schlafes Bruder

Von
Rainer Moritz

Philipp Reclam jun. Stuttgart

Die Seiten- und Zeilenangaben im vorliegenden Band
beziehen sich auf die Ausgabe:

Robert Schneider: Schlafes Bruder. Roman.
Leipzig: Reclam, 1994 [u. ö.]. (Reclam-Bibliothek. 1518.)

Universal-Bibliothek Nr. 16015
Alle Rechte vorbehalten
© 1999 Philipp Reclam jun. GmbH & Co., Stuttgart
Gesamtherstellung: Reclam, Ditzingen. Printed in Germany 1999
RECLAM und UNIVERSAL-BIBLIOTHEK sind eingetragene Marken
der Philipp Reclam jun. GmbH & Co., Stuttgart
ISBN 3-15-016015-4

Inhalt

I.	Wort- und Sacherklärungen	5
II.	Zur Entstehungsgeschichte	18
III.	Zur Biographie des Autors	23
IV.	Interview	26
V.	Rezensionen	47
VI.	Wissenschaftliche Ansätze	72
VII.	Zur Verfilmung	85
VIII.	Literaturhinweise	99
IX.	Abbildungsnachweis	101

I. Wort- und Sacherklärungen

7 *Pascales Herzschlagen:* Die Widmung bezieht sich, wie Schneider mehrmals andeutete, auf seine langjährige Freundin Pascale.

9,15 *vergliche:* Hier – wo eigentlich der Konjunktiv Präsens »vergleiche« zu erwarten ist – wie an etlichen anderen Stellen weicht der Text absichtsvoll von den üblichen Regeln der Grammatik und Interpunktion ab.

10,3 *Eschberg:* Die zentralen Orte des Romans verwandeln auf einheitliche Weise die reale Topographie. Wie aus Schneiders Wohnort Meschach »(M)Eschberg« wird, kehren Feldkirch, Dornbirn, Hohenems und Götzis als »Feldberg«, »Dornberg«, »Hohenberg« und »Götzberg« wieder.
Vorarlberg: westliches Bundesland Österreichs mit der Landeshauptstadt Bregenz, vor dem Arlbergpaß gelegen, der die Grenze zu Tirol markiert.

10,18 *Bergbündten:* Bergwiesen.

10,24 *Appenzellischen:* Appenzell: heute Kanton in der Ostschweiz, an Österreich angrenzend.

11,13 *naste:* hier: die Nase richten nach; riechen. Der Roman arbeitet wie hier des öfteren mit Verbneuschöpfungen, die von Substantiven wie »Nase«, »Schuh« oder »Zorn« abgeleitet sind.

11,30 *Dies-Irae:* (lat. ›Tag des Zorns‹) Gesangsstück in der Totenmesse.

12,23 *Inzuchtschäden:* Erbschäden, die durch Fortpflanzung unter nahen Verwandten auftreten.

13,13 *Cantor:* Organist.

13,15 *exhumiert:* wieder aus dem Grab genommen.

14,6 *Sokrates:* griechischer Philosoph (um 469/470–399 v. Chr.).

14,7 *Leonardo:* L. da Vinci, italienischer Maler, Architekt, Bildhauer und Naturforscher (1452–1519).

6   *I. Wort- und Sacherklärungen*

14,8 *Mozart:* Wolfgang Amadeus M., österreichischer
  Komponist (1756–91).

14,15 *Johannis:* Festtag des heiligen Johannes (24. Juni).

14,16 *Gaden:* Kammer, Stube.

15,10 *heraufplackte:* heraufmühte.

15,15 *Ellensönin:* Zur Endung der Namen vgl. die Erklä-
  rung im Text S. 21 f.: »Nun war in Eschberg verwandt jeder mit jedem. Um die Verwirrung geringer zu halten,
  hieß man sich beim Vornamen, und die Namen der Ehe-
  weiber glich man den Vornamen ihrer Männer an.«

16,4 *Klistierspritze:* Gummispritze, um ein Klistier, einen
  Einlauf, zu verabreichen.

16,5 *Mutterrohr:* Rohr, das in die Gebärmutter eingeführt
  wird, um sie auszuspülen.

16,12 *Freibrot:* kostenloses Essen.

16,13 *Kreuzer:* in Süddeutschland, Österreich und der
  Schweiz bis ins 19. Jh. verbreitete Kupfermünze, benannt
  nach dem Doppelkreuz auf der Rückseite.

16,16 *Wartgeld:* Ruhestandsgeld.

16,17 *Civil- und Criminalgericht:* Gericht, das für privat-
  und strafrechtliche Angelegenheiten zuständig ist.

16,23 *Casus:* (Gerichts-)Angelegenheit.

16,27 *sekkant:* zudringlich, nervend.

17,12 *Mallör:* Malheur: Unglück.

17,14 *Feldwaibel:* Feldwebel.

17,15 *k. k.:* kaiserlich-königlich, bezogen auf die österreichischen Reichsteile im ehemaligen Österreich-Ungarn.

17,24 *marod:* krank.

18,3 *Bruderschaft:* kirchliche Körperschaft von Geistlichen
  und Laien.

18,14 f. *Alfanzerei:* Albernheit.

18,30 *Tedeum:* Lobgesang auf Gott (»Te Deum laudamus«,
  in der Umdichtung Martin Luthers; »Großer Gott wir
  loben Dich«).

20,6 *Kurat:* Geistlicher mit einer dem Pfarrer vergleichbaren Stellung.

I. Wort- und Sacherklärungen 7

20,29 f. *Episode mit dem brennenden Dornbusch:* In einem brennenden Dornbusch offenbart sich Gott Mose; vgl. 2. Mose 3, 2.

21,3 *Homilien:* Predigten, die einen Bibeltext auslegen.

21,6 f. *Funkensonntag:* erster Fastensonntag, an dem ein Holzstoß entzündet wird.

21,13 *disputieren:* sich unterhalten.

22,9 *Klafter:* Holzraummaß, ungefähr die Länge bezeichnend, die die ausgebreiteten Arme eines Erwachsenen umspannen können.

22,15 *Ave:* kurz für: Ave Maria (lat., ›Gegrüßet seist Du, Maria‹), Gebet zur Verherrlichung Marias.

22,16 *Ellen:* Elle: Längenmaß, ca. 55 bis 85 cm.

22,29 *Erdäpfelseuche:* Kartoffelseuche.

22,33 f. *Rosenkranzgesäusel:* Rosenkranz: Reihung von Gebeten, meist Vaterunser und Ave Maria.

23,1 *Misthorner:* Mistkarren.

23,12 *Speuz:* Spucke.

23,25 *schrenzte:* hier: riß herunter.

23,28 *jellte:* schrie.

24,27 f. *Schildpattknöpfen:* Schildpatt: Horn vom Panzer der Karettschildkröte.

24,34 *Widums:* Kircheguts.

25,6 f. *Feuerszungen des Pfingstwunders:* vgl. Apg. 2,1–4.

25,12 *Kuhklatter:* Kuhfladen.

25,16 *Marodierende:* plündernde.

napoleonische: zum Heer des französischen Kaisers Napoleon Bonaparte (1769–1821) gehörende.

25,23 *Weiler:* kleines Dorf.

26,1 *Kyrie:* kurz für: Kyrie eleison (griech., ›Herr, erbarme dich‹), Bittruf in der Messe.

26,6 *Itzo:* jetzt.

26,8 *Belzebub:* Beelzebub, oberster Teufel.

26,10 *Item:* (lat.) ferner; des weiteren.

26,33 *verschockt:* erschreckt.

8   *I. Wort- und Sacherklärungen*

27,10 *Gulden:* Goldmünzen, im deutschsprachigen Raum
bis ins 19. Jh. hinein verbreitet.

27,12 f. *Cooperator Expositus:* geistlicher Mitarbeiter ohne
die vollen Rechte eines Pfarrers.

28,17 *Damaskus-Erlebnis:* nach dem 9. Kapitel der biblischen Apostelgeschichte, in dem Saulus vor der syrischen
Stadt Damaskus Christus erscheint und später als Paulus
getauft wird. Hier: Erlebnis einer grundlegenden inneren
Verwandlung.

28,23 *wie aus der Form gestürzt:* wie aus dem Gesicht geschnitten; sehr ähnlich aussehend.

28,31 f. *Epistel- ... Evangelienseite:* Als Epistelseite bezeichnet man die vom Kirchenschiff aus gesehen rechte
Seite des Altars, im Gegensatz zur links gelegenen Evangelienseite. Auf der Epistelseite wurden früher die Epi-
steln, die Apostelbriefe des Neuen Testaments, verlesen,
auf der Evangelienseite die Evangelien.

29,3 *Chrisam:* Salbung.

29,31 *Plateau:* obere, ebene Fläche eines Berges.

29,33 *Holder:* Holunder.
fahles: fast farbloses.

30,7 *Taufmatrik:* Taufregister.

32,9 *Göblein:* Kindlein.

33,20 *schremmte:* hier: trieb.

33,28 *Klatter:* Mist.

35,8 f. *Die Pupillen ... das gesamte Weiß der Iris:* Mit »Pu-
pille« ist hier und andernorts im Text die Iris (Regenbo-
genhaut) gemeint; »Iris« bezeichnet hier die Lederhaut.

35,25 *stämmig:* steif.

37,31 *verpotenzierte sich:* erweiterte sich.

37,32 *pittoreskerer:* malerischerer.

40,17 *Holzschlapfen:* Holzschlappen.

41,4 f. *hoffärtig:* überheblich, dünkelhaft.

41,28 *Pfette:* Dachstuhlbalken.

43,11 *Christenlehre:* Unterweisung in der kirchlichen
Lehre.

I. Wort- und Sacherklärungen

9

45,4 *glanzigsten:* glänzendsten.

45,34 *veritables:* wahrhaftiges, echtes.

46,2 *brockten:* pflückten.

46,17 *Faltrianblättern:* Maiglöckchenblättern.

47,10 *misteriose:* mysteriöse, geheimnisvolle.

48,12 *Festo Trinitatis:* Dreifaltigkeitssonntag (erster Sonntag nach Pfingsten).

49,28 *angewurzt:* angewurzelt.

49,31 *TACKAPO!:* verballhornt für »da capo« (ital.), Aufforderung zur Wiederholung.

49,34 *Kaskaden:* hier: Aufführungen in schneller Abfolge.

50,26 *Reliquie:* erhalten gebliebene Gebeine, Kleider u. ä. eines Heiligen.

50,27 *Eusebius:* Papst im 4. Jh.

52,15 *Wandtäfer:* Wandtäfelung.

55,11 *glarte:* starrte.

55,34 *Hag:* Gebüsch.

56,7 *Patzen:* Klumpen.

57,2 f. *Jünglingskongregation:* Ordensgemeinschaft junger Menschen.

57,16 *Arg:* böse Absicht.

57,21 *Flacon:* Fläschchen.

59,4 *Prophet Elias:* schicksalskündender Prophet Israels (nach 1. Kön. 17 ff., 2. Kön. 1 ff.).

59,6 *Rumor:* (dumpfen) Geräusch.

59,25 *Holzschlägels:* Holzhammers.

59,28 *Feldbenediktion:* Feldsegnung.

60,27 *Lektor:* Vorlesenden.

61,13 *englischen:* engelsgleichen.

62,4 *torsohaften:* unvollständigen.

62,34 f. *Ite-Missa-Est:* (lat., ›Geht, die Versammlung ist aufgehoben‹) Schlußwort der Messe.

63,13 *R. I. P.:* kurz für: Requiescat In Pace (lat., ›er/sie ruhe in Frieden‹), Grabinschrift.

63,29 *umgestandne:* schlechtgewordene.

63,31 *In Adventu Domini:* Adventus Domini: (lat.) An-

I. Wort- und Sacherklärungen

kunft des Herrn; allgemein die Adventszeit, hier ist der 4. Adventssonntag gemeint.

64,5 *Register:* Gruppe von Pfeifen, durch die Töne gleicher Klangfarbe erzeugt werden.

65,2 f. *Subbaßpfeife:* untere Baßpfeife.

65,18 *Postludien:* Nachspiele.

65,31 *Kadenz:* Schlußakkordfolge.

66,1 *Manual:* Tastatur.

66,13 f. *Koloraturen:* mit Läufen und Sprüngen versehene Passagen einer Arie o. ä.

66,32 f. *honnörigste:* ehrenwerteste.

66,33 f. *siket erat et prinzipus in nunk und semper:* Verunstaltung der lat. Gebetsformel »sicut erat in principio et nunc et semper et in saecula saeculorum« (»So wie es zu Anfang war, so auch jetzt und allezeit und in Ewigkeit«).

67,28 *schirrte:* hier: schleuderte.

69,2 *Prinzipal:* das aus Labialpfeifen bestehende Register der Orgel.
Gedackt: Als »gedackt« werden Orgelpfeifen bezeichnet, die oben verschlossen sind und eine Oktave oder eine Quinte tiefer klingen als eine gleich lange offene Pfeife.

70,4 *Miniaturen:* hier: kleine Musikstücke.

70,7 *Imitation:* Wiederholung eines Themas durch eine andere Stimme.

70,28 *Rorate:* (lat., ›tauet‹) Votivmesse zu Ehren Marias im Advent.

71,27 *stechen:* töten.

72,18 *Mette:* (Mitternachts-)Messe.

72,22 *Zunderpilz:* an Laubbäumen wachsender Pilz, aus dessen Fruchtkörper ein Material zum Feuerentzünden hergestellt wurde.

73,19 *Apside:* mit einer Halbkuppel überwölbter Raum, der den Kirchenraum abschließt.

73,23 *vorgekleubt:* vorgekämpft.

75,8 *Vibrato:* leicht zitterndem Ton.

I. Wort- und Sacherklärungen   11

75,8 *Gloria-in-excelsis-Deo:* (lat., ›Ehre sei Gott in der Höhe‹) Lobgesang auf Gottes Herrlichkeit.

75,26–30 *DER TAG . . .:* Weihnachtslied.

76,15 *Maisäß:* im Mai bezogene Voralpe.

76,29 *Grind:* Kopf.

77,29 *Türkenkolben:* Maiskolben.

79,29 *Gräte:* Grat.

80,3 *Jännerschnee:* Januarschnee.

81,1 *Stephanustag:* Fest des heiligen Stephan (26. Dezember).

81,12 f. *muselmanischer:* moslemischer.

81,27 f. *Binokel:* Brille.

82,12 *Tabernakels:* Altarschreins.

82,15 *Fialen:* Türmchen.

82,16 *Krabbe:* Ornament in Blattwerkform.

82,20 *Antichrist:* Teufel.

82,27 *Glotzen:* Augen.

85,18 *Tuba-mirum:* große Tuba.

85,22 f. *mit Staccatoschritten:* in hastigen Schritten.

86,4 f. *Epiphanie:* Dreikönigsfest (6. Januar).

89,4 *Deckentäfer:* Deckentäfelung.

89,12 *spirzte:* trat.

89,14 *plumperte:* plumpste.

90,18 *Heumaden:* Heuhaufen.

90,25 *Anken:* Butter.

90,31 *Heller:* kleine Münze aus Kupfer (urspr. der in Schwäbisch Hall geprägte Silberpfennig).

91,16 *Schnorre:* Schnauze.

92,29 *Alpdrücke:* Alpträume.

93,5 *benedizieren:* segnen.

93,6 *Herrgottswinkel:* Tisch- oder Zimmerecke mit Kruzifix, Heiligenbildern u. ä.

93,7 *Alkoven:* Nische mit Bett.

93,16 *Kreuzgrat:* Rückgrat.

94,14 *Physiognomien:* Ausdrucksformen des Gesichts, Gesichtszüge.

I. Wort- und Sacherklärungen

94,24 *prätentiösen:* gewichtig wirkenden.

95,3 *polyphone Musik:* mehrstimmige Musik.

95,17 *plackte:* arbeitete hart.

96,14 *Etüden:* (musikalische) Übungen.

96,15 *Fingersatz:* Einsatz, Gebrauch der Finger.

96,17 *Dezimgriffen:* Griffe, die Dezimen (Intervalle von zehn Tonstufen) umfassen.

96,18 *im Prestissimo:* so schnell wie möglich, äußerst schnell.

96,25 f. *stupenden:* verblüffenden.

97,12 *Kanzellen:* Kanäle, durch den der Luftstrom zu den Orgelpfeifen geleitet wird.

97,14 *Posaunen vor Jericho:* besonders dröhnend klingende Posaunen (nach Jos. 6, 4 ff.).

97,21 *Lohgerber:* mit Lohe (pflanzlichen Stoffen, z. B. Baumrinden) arbeitender Gerber.

97,28 *konisch:* kegelförmig.

konkav: nach innen gewölbt.

bosselte: bearbeitete liebevoll.

97,29 *dressierte:* richtete zu.

Spünde: Verschlußzapfen.

98,1 *Angelus:* Dankgebet.

98,34 *Fallott:* Gauner.

99,21 *malträtierten:* quälten.

100,30 *Amour:* Liebschaft.

101,29 *Pseudonym:* angenommener Name.

101,34 *Palmsonntag:* Sonntag vor Ostern.

102,4–7 *»Freue dich ... in ihrer Liebe.«:* nach Spr. 5, 18 f.

102,5 *Hinde:* Hirschkuh.

102,6 *Rehe:* (weibliches) Reh.

102,8 *Worte Salomonis:* Worte des Propheten Salomo, der u. a. als Verfasser der »Sprüche« gilt.

102,30 *starrte:* stand steif da.

103,18 *Sterbematriken:* Sterberegister.

103,26 *Anarchische:* Gesetzlose.

105,17 *manierierten:* gekünstelten.

I. Wort- und Sacherklärungen

107,25 *gutturales:* kehlig klingendes.

110,2 *Sabbat abhielten:* hier: ausgelassen feierten (beim sogenannten Hexensabbat).

112,10 *Lumen-Christi:* (Lobgesang auf das) Licht Christi.

112,19 *Liturgie:* festgelegte Form des Gottesdienstes.

113,1 *Drei Marien:* (1) Maria Magdalena, (2) Maria, Mutter des Joseph und des Jakobus, (3) Maria Salome; vgl. Matth. 27, 56.

113,2 f. *chaconneartigen:* Chaconne: Instrumentalstück im Dreivierteltakt mit Baßthema.

113,20 *a cappella:* ohne Instrumentenbegleitung.

114,32 *Toccata:* Musikstück, häufig mit freiem Wechsel zwischen Akkorden und Läufen.

114,33 *Fugato:* Fugenthema mit freien kontrapunktischen Umspielungen.

115,10 *Adagio:* langsam-ruhiges Musikstück.

115,13 *»Christ lag in Todesbanden«:* Kirchenlied, zu Ostern gesungen; Text von Martin Luther.
martialischen: furchteinflößenden.

115,15 *Metrum:* hier: Tempo, Takt.

119,14 *Wochenlosung:* wöchentlich fällige Gebühr.

119,30 *Bagatellen:* Kleinigkeiten.

120,10 *Passionszeit:* die Zeit der Passion (lat., ›Leiden Jesu‹) von Aschermittwoch bis Karfreitag.

120,15 *Allerseelen:* Verstorbenengedenktag (2. November).

120,34 *Devotionalien:* Andachtsgegenstände.

125,28 *Allüre:* Art.

130,9 f. *Dissonanzen:* nicht als Wohlklang empfundene Töne, spannungsgeladene Klänge.

131,2 *Sonntag Laetare:* dritter Sonntag vor Ostern.

135,22 f. *um Gotteslohn:* umsonst.

137,23 *Wollplaid:* Wolltuch.

138,4 *Eidam:* Schwiegersohn.

142,22 *Lettner:* schrankenartiger Durchgang mit Empore, der in Kirchen den Chor vom Langhaus trennt.

149,11 *gleichviel:* gleichgültig.

14 I. Wort- und Sacherklärungen

150,30 *moderate:* maßvolle.

151,6 *fürwitzig:* vorwitzig.

154,16 *Fronarbeit:* auferlegter Arbeit.

154,17 f. »*wenigstens ... fürbeikömmen«:* zumindest zwei Gespanne problemlos aneinander vorbeikommen.

154,25 *prosperierendes:* zu Wohlstand kommendes, blühendes.

154,34 *Morgengabe:* eigentlich Geschenk des Ehemannes an seine Frau nach der Hochzeitsnacht.

156,1 *Nudität:* Nacktheit.

156,10 *Dorfkotter:* Dorfgefängnis.

156,11 f. *Herders ›Ideen zur Philosophie der Geschichte der Menschheit‹:* 1784–91 erschienene geschichtsphilosophische Schrift von Johann Gottfried Herder (1744–1803), die sowohl Naturlehre und Anthropologie als auch Völker- und Länderkunde umfaßt und in eine bis ins Spätmittelalter reichende Universalgeschichte mündet.

156,13 *subskribierte:* subskribieren: ein auf mehrere Bände angelegtes und noch nicht abgeschlossen vorliegendes Werk bestellen.

156,20–157,7 »*Der Kalifornier ... gelenkig.«:* Die Passage ist, leicht gekürzt, dem Zweiten Teil, 7. Buch, der Herderschen *Ideen* entnommen. Herder zitiert dabei Jakob Begerts *Missionarsbericht von Kalifornien.* Siehe Johann Gottfried Herder, *Ideen zur Philosophie der Geschichte der Menschheit,* Bd. 1, hrsg. von Heinz Stolpe, Berlin/Weimar 1965, S. 253 f.

157,18 f. *Schildbrote:* kleine Brötchen.

157,24 *Rätikon:* Teil der Nördlichen Kalkalpen zwischen dem schweizerischen Graubünden und Vorarlberg.
Bergamasker Alpen: Gebirge bei der italienischen Stadt Bergamo.

157,25 *Lecco:* italienische Stadt am Comer See.

157,27 f. *Lombardischen:* Lombardei: Gebiet in Norditalien.

157,32 *Piemont:* Gebiet in Norditalien, an Frankreich und die Schweiz grenzend.

I. Wort- und Sacherklärungen 15

157,32 *Ligurischen Küste:* in Norditalien am Golf von Genua gelegene Küste.

157,33 f. *Levantinischen:* Levante: die Mittelmeerländer östlich von Italien.

158,2 *Heuer:* Matrosenlohn.

158,3 f. *Toulon:* französische Stadt am Mittelmeer.

158,18 *Walliser Alpen:* Alpengruppe auf der schweizerisch-italienischen Grenze.

159,1 *in methusalemischem Alter:* in sehr hohem Alter (nach dem biblischen Methusalem; vgl. 1. Mose 5, 25 ff.).

159,15 f. *zirkelten:* kreisten.

160,4 *Phantasmagorien:* Wahnvorstellungen.

160,24 *masochistischen:* selbstquälerischen.

162,10 *Kontrapunkt:* Technik des musikalischen Satzes, in der mehrere Stimmen gleichberechtigt nebeneinander geführt werden.

162,13 *Quodlibet:* scherzhafte mehrstimmige Komposition.

162,18 *unam fugam:* hier: in einem Stück.

162,21 *»Christ unser Herr zum Jordan kam«:* kirchliches Tauflied; Text von Martin Luther.

162,23 *chromatische:* in Halbtönen fortschreitende.

162,23 f. *»erseuffen auch den pittern Todt«:* ersäufen auch den bittern Tod.

163,20 *Eleven:* Schüler.

163,20 f. *extemporierten Orgelspiel:* nicht vorbereiteten Orgelspiel.

164,1 *rumorte es:* spukte es herum.

164,16 *apathisch:* teilnahmslos.

165,16 *Siechenhaus:* Kranken- und Pflegeheim.

165,18 *Maladitäten:* Krankheiten.

165,33 *Montforts:* Ende des 18. Jh.s ausgestorbenes Grafengeschlecht, benannt nach der Stammburg Montfort bei Götzis in Vorarlberg.

166,1 *Heuschreckenschwärmen des Alten Testaments:* vgl. 2. Mose 10.

16 *I. Wort- und Sacherklärungen*

166,6 f. *Stadtverweser:* Stadtverwalter.

166,8 *babylonisch hohen:* hier: sehr hohen (nach der biblischen Geschichte vom Turmbau zu Babel [Babylon]); vgl. 1. Mose 11.

166,20 *Arras:* nordfranzösische Stadt.

167,5 *Pianoforte:* Klavier.

167,16 f. *Ottomanen:* sofaartige Möbelstücken.

168,9 *Brustpositiv:* Positiv: Standorgel ohne Pedal und mit nur einem Manual.

169,11 *Ambo:* Lesepult.

169,12 *Lira:* einsaitige Geige.

169,13 f. *Worte des 150. Psalms:* »Halleluja! Lobet Gott in seinem Heiligtum, lobet ihn in der Feste seiner Macht! Lobet ihn für seine Taten, lobet ihn in seiner großen Herrlichkeit! Lobet ihn mit Posaunen, lobet ihn mit Psalter und Harfen! Lobet ihn mit Pauken und Reigen, lobet ihn mit Saiten und Pfeifen! Lobet ihn mit hellen Zimbeln, lobet ihn mit klingenden Zimbeln! Alles, was Odem hat, lobe den Herrn! Halleluja!«

170,9 f. ›*Ach Gott, wie manches Herzeleid‹:* Kirchenlied zum Gottvertrauen; Text von Martin Moller.

170,11 *pedal- und manualiter:* mit Pedal und Manual zu spielen.

171,5 *Registrierkunst:* Kunst, durch Betätigung der Register (vgl. Anm. zu 64,5) die Klangfarbe zu bestimmen.

171,18 f. ›*Kömm, o Tod, du Schlafes Bruder‹:* Schlußchoral der Kantate »Ich will den Kreuzstab gerne tragen« (Bach-Werke-Verzeichnis Nr. 56) von Johann Sebastian Bach; Text von Johann Ranck.

172,14 *in summa:* alles in allem.

172,29 *Salicional:* Metallregister einer Orgel.

173,22 f. *Fortissimo:* mit großer Lautstärke und Klangfülle gespieltes Stück.

173,27 *diminuierte:* herabsetzte.

174,1 *Zäsur:* Einschnitt.

174,25 f. *Pfeifenprospekt:* Prospekt: die Schauseite der Orgel.

I. Wort- und Sacherklärungen

175,1 *sinistren:* unheilvollen.

175,18 *numinos:* schauervoll-anziehend.

175,32 *ephemeres:* rasch vorübergehendes.

178,1 *Apotheose:* Verherrlichung.

178,19 *Emphase:* Nachdruck; hier: Ergriffenheit, Inbrunst.

179,16 *Fatalitäten:* schicksalhaften, verhängnisvollen Ereignisse.

179,32 *Sequenz:* Wiederholung eines musikalischen Motivs auf höherer oder niedererer Tonstufe.

182,23 *akklamieren:* Beifall klatschen.

183,12 *skandierten:* skandieren: rhythmisch und im Gleichtakt rufen.

185,27 *Dompfründe:* Domeinkünfte.

186,34 f. *Equipagen:* eleganten Kutschen.

192,21 *Schindmähre:* altes Pferd.

194,20 *Stimulans:* anregende Substanz.

200,11 ff. *»Nacket bin ich...«:* vgl. Hiob 1,20 f.

II. Zur Entstehungsgeschichte

Schlafes Bruder wird wie kaum ein anderer Text der deutschsprachigen Gegenwartsliteratur mit der Geschichte seines Erfolges verknüpft. Von journalistischen Berichten genährt, bildeten sich früh Legenden, die sich nicht nur um den Autor rankten, sondern auch um die Publikationshintergründe seines Erstlings. Die Stationen von *Schlafes Bruder* lassen sich so zusammenfassen:

»Zur Chronologie zuerst: 1990 schließt der damals neunundzwanzigjährige Robert Schneider seinen Prosaerstling ab und begibt sich, ohne Fürsprache arrivierter Kollegen, auf die übliche Ochsentour. Er verschickt seinen Text an über zwanzig Verlage im deutschsprachigen Raum und erhält, wenn überhaupt, von allen Seiten abschlägige Antwort – bis plötzlich der Leipziger Reclam Verlag Interesse bekundet. Dort entschließt man sich, das Wagnis auf sich zu nehmen. Keine leichte Entscheidung, denn zum einen mußte sich der Verlag im Zuge der Wiedervereinigung einer grundlegenden Umstrukturierung unterziehen, und zum anderen galt sein Programm bis dahin nicht primär als Adresse für Gegenwartsliteratur. Dennoch: Im August '92 ist die Leidensgeschichte des Manuskriptes beendet; *Schlafes Bruder* erscheint in einer zurückhaltend kalkulierten Auflage von 4000 Exemplaren. Was sich dann binnen weniger Wochen abspielt, ist ein Phänomen des Literaturbetriebs, das um so erstaunlicher ist, wenn man bedenkt, daß das Werbebudget des Verlages keine spektakulären Klimmzüge erlaubte. Die großen Tages- und Wochenzeitungen reagieren prompt: Herbert Ohrlingers Rezension in der ›Presse‹ machte den Anfang, und alsbald zogen die wichtigsten Blätter nach. Auf der Buchmesse im Oktober kursierte die Rede vom Geheimtip aus Leipzig, und bis Ende des Jahres beträgt die Gesamtauflage bereits 40 000 Stück.

II. Zur Entstehungsgeschichte

Man kann lange darüber spekulieren, inwieweit ein positives Presseecho den Erfolg eines Buches befördert.[1] Im Falle von *Schlafes Bruder* liegen die Dinge kompliziert: Natürlich war es ein entscheidender Faktor, daß die Kritik sofort ansprach und zudem weitgehend freundlich reagierte.[2] Frank Schirrmacher (mit einem kurzen Hinweis) und Thomas Rietzschel (mit einer ausführlichen Rezension) machten in der ›Frankfurter Allgemeinen‹, Erich Hackl in der ›Zeit‹, Martin Doerry im ›Spiegel‹, Beatrice von Matt in der ›Neuen Zürcher Zeitung‹ und Hermann Wallmann in der ›Süddeutschen Zeitung‹ auf den Roman aufmerksam, und am 19. November 1992 widerfuhr *Schlafes Bruder* die größte Segnung, die einem Werk heutzutage zuteil werden kann: der Einzug ins ›Literarische Quartett‹. Doch es kommt anderes hinzu: Robert Schneider hatte das Glück, in einem Verlag zu debütieren, dem die Sympathie des Feuilletons galt. Der Roman, das einzige Hardcover im Leipziger Herbstprogramm '92, erfuhr einen Aufmerksamkeitsgrad, wie er ihn in einem umfangreicheren Programm nicht erhalten hätte. Die kapitalen Schwierigkeiten, die alle ostdeutschen Verlage nach der Wende bekamen, sorgten dafür, daß markante Novitäten oftmals mit besonderer Unterstützung bedacht wurden. Anders gesagt: *Schlafes Bruder* besaß Ost-Bonus. Daß die Kritik wiederum versuchte, Schneiders Roman kommensurabel zu machen, d. h., ihn in gängige Muster zu pressen, steht auf einem anderen Blatt.

Die Presse reagierte, wie gesagt, meist positiv und erkannte zum Teil sofort, welchen Sog der Roman auf ein großes Pu-

---

1 Vgl. etwa Jörg Drews: Über den Einfluß von Buchkritiken in Zeitungen auf den Verkauf belletristischer Titel in den achtziger Jahren. In: Literaturkritik – Anspruch und Wirklichkeit. Hrsg. von Wilfried Barner. Stuttgart: Metzler, 1990. S. 460–473.

2 Negative oder skeptische Stimmen erschienen zum Teil an entlegenerem Ort. Vgl. zum Beispiel Franz Loquai: Ein literarischer Komet? In: Die Furche. 13. 5. 1993, oder Sieglinde Geisel: Gottes Schattenspiel. In: Märkische Allgemeine. Wochenmagazin. 24. 12. 1992.

blikum ausüben würde. Martin Doerrys Prognose ›Dieser
Roman wird wie eine Droge wirken‹ bewahrheitete sich
rasch, und zusehends wurde deutlich, daß der Roman
Dinge ansprach, die jenseits eines bloß ästhetischen Hori-
zonts lagen.

Kein Schaden war es, daß die Diskussion im ›Literarischen
Quartett‹ kontrovers verlief. Während Hellmuth Karasek
begeistert vom ›bösen Heimatroman‹ und von einem
›höchst satirischen, ironischen Roman‹ sprach, sah Sigrid
Löffler ›Kunsthandwerk‹ regieren, und Iris Radisch, als
Gast auf dem vierten Stuhl, ereiferte sich über das ›Spitzengeklöppelte‹ des Textes. Marcel Reich-Ranicki, offensichtlich verunsichert, lavierte, bescheinigte Schneider eine
›große Schreibbegabung‹ und hielt sich eine Hintertüre offen: ›Ich glaube dennoch an diesen Autor.‹ Den Boden für
diese TV-Kontroverse hatte Iris Radisch zwei Wochen zuvor in der ›Zeit‹ bereitet. Unter dem (werbewirksamen) Titel *Schlafes Brüder*[3] attackierte sie das ›neorealistische Erzählen‹ junger Autoren und deren ›plattfüßige Anspruchslosigkeit‹; Robert Schneiders Roman nahm sich in dieser
Perspektive nur mehr als ›großartiger Schmarren‹ aus.

Am Erfolg des Buches änderte sich dadurch nicht das ge-
ringste. *Schlafes Bruder* entwickelte sich vom Geheimtip
zum Markenartikel, dessen Ruhm sich in verschiedensten
Kanälen fortsetzte. In Italien und Frankreich erhielt das
Buch angesehene Preise, das Pfalztheater Kaiserslautern
verarbeitete es zu einem Ballett, Joseph Vilsmaier kündigte
eine aufwendige Verfilmung an, und der Komponist Herbert Willi machte sich daran, eine Oper auf die Bühne zu
bringen (Uraufführung im April '96 in Zürich). Parallel
dazu sorgte Robert Schneiders Theaterstück *Dreck*, 1993 in
der Reclam-Bibliothek Leipzig erschienen, für Furore. Der
Uraufführung im Hamburger Thalia-Theater folgten über

---

3 Iris Radisch: Schlafes Brüder. Pamphlet wider die Natürlichkeit oder
Warum die junge deutsche Literatur so brav ist. In: Die Zeit. 6. 11. 1992.

II. Zur Entstehungsgeschichte

vierzig weitere Inszenierungen des Einpersonenstücks. So blieb – und das ist das Entscheidende – Robert Schneider in der Medienmanege stets präsent; als die Filmpläne sich konkretisierten, wurde der Autor selbst mehr und mehr ein gesuchtes Objekt für einfühlsame Porträts. Die anrührende Geschichte vom belächelten Dorfschriftsteller, der zum literarischen Kometen avancierte – damit lassen sich auch in Hochglanzmagazinen Seiten füllen. 1994, wieder passend zur Buchmesse, legte das ›Zeit-Magazin‹ ein Special vor, das das heikle Verhältnis zwischen Autoren und ihren Lektoren nachzeichnete und dabei Schneider und seinen ›Entdecker‹ Thorsten Ahrend (mit entblößten Oberkörpern) präsentierte. Die Legenden um *Schlafes Bruder*, fleischlich illustriert – die kurz zuvor erschienene Taschenbuchausgabe erhielt schönen Auftrieb.

Ein Glücksfall für den weiteren Weg des Buches, zumindest unter ökonomischen Gesichtspunkten, wurde die Verfilmung durch Joseph Vilsmaier, der mit (dem Drehbuchautor) Robert Schneider eng kooperierte. Bis Ende 1994 waren über 100 000 Taschenbücher abgesetzt, der Film sorgte im folgenden Jahr dafür, daß die Druckmaschinen kaum noch stillstanden. Von einer aufwendigen Verkaufskampagne des Verlags begleitet, eroberte das Buch in der zweiten Jahreshälfte Kaufhäuser und Bahnhofsbuchhandlungen, vom hintersten Allgäu bis in den letzten Winkel Ostfrieslands. Im letzten Quartal ’95 wurden – die deutsche Filmpremiere war Anfang Oktober – durchschnittlich 90 000 Exemplare pro Monat abgesetzt. Daß die Kritik mit Vilsmaier und seinem Team oftmals hart ins Gericht ging, tat der Begeisterung ›draußen im Land‹ keinerlei Abbruch.«

> Rainer Moritz: Nichts Halbherziges. *Schlafes Bruder*: das (Un-)Erklärliche eines Erfolges. In: R. M. (Hrsg.): Über *Schlafes Bruder*. Materialien zu Robert Schneiders Roman. Leipzig: Reclam, 1996. S. 11–29. Hier: S. 12–15. – © Rainer Moritz, Hamburg.

II. Zur Entstehungsgeschichte

Bis Januar 1999 waren von allen in Deutschland erschienenen Taschenbuchausgaben (s. Kap. VIII: Literaturhinweise) über 1 000 000 und von den Hardcoverausgaben über 100 000 Exemplare verkauft.

III. Zur Biographie des Autors

1961 In Bregenz (Österreich) geboren, wuchs in Meschach, einem Bergdorf in den rheintalischen Alpen, auf, wo er noch heute als freischaffender Schriftsteller lebt.

1981–1986 Studium der Komposition, Kunstgeschichte und Theaterwissenschaft in Wien.

1983 Bühnenbearbeitung von *Der falsche Prinz. Komödie nach dem gleichnamigen Märchen von Wilhelm Hauff*, aufgeführt am Theater der Jugend, Wien.

1989 Theaterstück *Hitler mein. Eine Liebesrede*, aufgeführt von den Schaukindern, Götzis.

1990 Abraham-Wounsell-Award, ein amerikanisches Privatstipendium zur Förderung junger europäischer Autoren, für die Arbeit an *Schlafes Bruder*. – Filmdrehbuchpreis des ORF für sein Drehbuch *Die Harmonien des Carlo Gesualdo*. – Landespreis für Volkstheaterstücke des Landes Baden-Württemberg für sein Stück *Traum und Theater des jungen H.* (Uraufführung am 20. 11. 1993 im Schauspielhaus Hannover).

1992 *Schlafes Bruder* erscheint im Reclam Verlag Leipzig.

1993 Der dramatische Monolog *Dreck* erscheint im Reclam Verlag Leipzig. Uraufführung des Stückes am 10. 1. 1993 im Thalia-Theater Hamburg. *Dreck* wird zum meistgespielten Theaterstück der Saison (mehr als 30 Inszenierungen). – Am Schauspielhaus Hannover wird das Stück *Traum und Trauer des jungen H.* uraufgeführt. – Dramatikerpreis der Potsdamer Theatertage. Alemannischer Literaturpreis. Robert-Musil-Stipendium der Stadt Wien. – Die Zeitschrift »theater heute« wählt Schneider zum Nachwuchsdramatiker des Jahres. – *Schlafes Bruder* wird als Ballett im Pfalz-

24   *III. Zur Biographie des Autors*

theater Kaiserslautern aufgeführt. – In Dänemark und Schweden erscheinen die ersten Übersetzungen von *Schlafes Bruder*. Nach und nach werden über 20 Lizenzverträge für fremdsprachige Ausgaben geschlossen.

1994 Literaturpreis der Salzburger Osterfestspiele. Prix Médicis Étranger (Frankreich). – Theaterstück *Alte Tage*, uraufgeführt vom Spielkreis Götzis.

1995 Marieluise-Fleißer-Preis der Stadt Ingolstadt. Premias Itas del Libro di Montagna (Italien). Premio Grinzane Cavour (Italien). – Im Herbst kommt Joseph Vilsmaiers Verfilmung von *Schlafes Bruder* ins Kino (Drehbuch: Robert Schneider; Hauptrollen: André Eisermann, Ben Becker, Dana Vávrová).

1998 Der Roman *Die Luftgängerin* erscheint im Karl Blessing Verlag, München.

Robert Schneider, 1996

IV. Interview

Aus den zahlreichen Interviews, die Robert Schneider seit 1992 für Rundfunk, Fernsehen und Presse gegeben hat, sticht das vor allen Fragen der Poetik berührende Interview mit BERNHARD ARNOLD KRUSE aus dem Jahr 1995 heraus.

»Der Erfolgsroman *Schlafes Bruder*, der in mehr als 20 Sprachen übersetzt ist und seit seinem Erscheinen im Herbst 1992 schon fünf Auflagen erlebt hat, der verfilmt wurde und in München als Oper inszeniert werden soll, ist die kurze Lebensgeschichte des musikalischen Genies Elias Alder. Erzählt wird auf knapp 200 Seiten Alders Lebenswelt, seine Wahrnehmungs- und Empfindungsweise, und wie sich in dieser engen und rohen Welt eines kleinen Bergdorfs in Vorarlberg weder sein Genie noch seine Liebe entfalten kann. Als ihm dann einmal der Schritt aus dieser Enge heraus gelingt und er bei einem Orgelfest in einer kleinen Stadt einen unerhörten, das Publikum in eine fast ekstatische Stimmung mithineinreißenden Erfolg erzielt, ist von der Aussichtslosigkeit seiner Liebe schon sein Tod vorgezeichnet, der sich, dem Satz ›Wer liebt, der schläft nicht‹ folgend, als grausamer Selbstmord durch Schlafentzug vollzieht.

Kruse: Herr Schneider, was für einen Roman haben Sie mit *Schlafes Bruder* eigentlich geschrieben? Ist das ein Heimatroman? Ist das ein Genieroman? Ist das ein Liebesroman? Oder alle drei zugleich?

Schneider: Also ich würde sagen, alle drei Dinge zugleich, aber immer mit dem Wort ‚Anti-‘ davor. Es ist schon richtig, daß dieser Roman Teilbereiche dieser genannten Gattungen anreißt. Ein Heimatroman ist es deswegen nicht, weil er eben die Heimat in einer ganz bestimmten Hinsicht verstümmelt, beschimpft, ja zerstört; und es ist ja auch von einer Heimat die Rede, die es nicht mehr gibt, die stirbt. Es

IV. Interview 27

heißt an einer Stelle, Gott habe den Menschen da nie gewollt, in diesem Dorf. Es ist also eine Heimat, in der die Menschen nicht gewollt wurden. Obwohl, wenn man das filmisch sagen darf, das Setting in den Bergen spielt, ist es eben nicht ein Heimatroman. Der Roman spielt ja auch mit diesen Gattungen. Es ist ein Anti-Liebesroman, weil die Liebe nicht funktioniert; und ein Anti-Genieroman, weil zwar von einem Genie die Rede ist, dieses Genie sich letzten Endes aber nicht offenbart, also der Nachwelt zumindest.

Kruse: In diesem Anti-Heimatroman wird das Dorf ausgelöscht, werden die Menschen sowohl von dieser Erde, dieser Natur fortgestoßen, mehr noch stoßen sie sich aber auch gegenseitig voneinander fort oder weg; denn das, was ich festgestellt habe beim Lesen, war doch eine enorme Unmenschlichkeit zwischen den Menschen, oder jedenfalls eine Roheit, Brutalität in den zwischenmenschlichen Beziehungen, die zunächst sehr befremdend auf den Leser einwirkt und sicherlich aller Bergidylle und Heimatidylle ganz deutlich widerspricht. Ist das ein historisches Bild, ist das ein Anti-Idyllenbild, oder was für eine Beziehung zur ‚Heimat‘ drückt sich darin aus?

Schneider: Also ich würde zunächst noch einen Moment bei der Faktur dieses Romans bleiben, bevor ich diese Beziehung zur Heimat darlege. Das ist sehr genau beobachtet: Es sind unglaublich rohe Menschen, die da miteinander umgehen. Das allerdings in einer Sprache beschrieben, die eine musikalische Struktur besitzt, die eine fast schwärmerische Sprache ist, manchmal sogar ins Pathos kippt. Also hier wird Roheit dargestellt in einer sehr kunstvollen, fast elaborierten Sprache, die ganz bewußt gegen diese Roheit gesetzt ist. Z. B. wird ja gesagt in dem Roman, diese Menschen seien nicht in der Lage, ihre tiefsten Gefühle zu artikulieren, hätten es auch nie getan, hätten sie es gekonnt, – und das wird alles in einer doch sehr virtuos gemachten Sprache beschrieben. Daß Elias, die Hauptfigur, sich Elsbeth, seiner Angebeteten, nicht offenbaren kann, weil er eben nicht sprechen kann, wird in einer Sprache beschrieben, die sehr musikalisch und virtuos ist.

Kruse: Es gibt also eine Art ironisches Verhältnis zwischen dem Beschriebenen und der Sprache, die sie beschreibt.

Schneider: Ganz genau das! Diese entgegengesetzten Momente ergeben für mich diesen leisen ironischen Grundton, der in dem ganzen Buch da ist, der übrigens, wie ich jetzt gehört habe, in der italienischen Übersetzung – und nicht nur in dieser – überhaupt fehlt, ja nicht erkannt wurde.
Was meinen persönlichen Bezug zur Heimat anbelangt – das Buch enthält ja auch viele autobiographische Elemente, und ich habe daraus nie einen Hehl gemacht –, so kann ich sagen, daß Heimat im positiven Sinn damit zu tun hat, daß man dort mit einer ganz bestimmten Kontinuität an einen ganz bestimmten Punkt seines Lebens dasselbe dort verbringt; und dieser Ort, an dem man lebt, der ist ja nicht beschönigt. Die Liebe zu diesem Punkt Heimat setzt sich zusammen aus der ewigen Wechselwirkung zwischen Verachtung und Liebe. Also ist beides da, es ist der Haß da, und es ist das Doch-nicht-weggehen-Können gleichzeitig da.

Kruse: Die Sprache des Romans ist ja auch sehr von dem Landstrich geprägt, in dem er geschrieben worden ist. Ich habe mal in Wörterbüchern wie dem Duden oder dem Wahrig nachschauen wollen, was ein Gaden ist oder eine Bündt, habe aber diese Wörter dort nicht gefunden. Ich kann mir vom Kontext her vorstellen, daß das eine Bergwiese ist, bzw. das erstere eine Art Kammer. Die Sprache des Romans ist mit solchen regionalen oder ‚heimatlichen‘ Sprachelementen durchtränkt. Dem widerspricht freilich auf den ersten Blick die starke internationale Wirkung dieses Romans. Es ist doch erstaunlich, wie trotz der Abgegrenztheit – die Abgegrenztheit dieser Welt räumlich, aber auch

IV. Interview 29

historisch, bzw. die Begrenztheit ist ja beinahe ein Thema in diesem Buch: ebenso wie der Ort räumlich abgegrenzt ist, sind die Menschen begrenzt, die Entwicklung des Genies, der Liebe, des Lebens selbst – wie also in der Beschreibung dieser Begrenztheit und dem, was sich dann natürlich abspielt in dieser grundlegenden Kondition, das Buch aber zu einer anscheinend unbegrenzten, internationalen Wirkung gelangt. Ist das nun ein vorarlbergischer Roman? Ist das ein österreichischer Roman? Oder ist das ein ‚Welt-Roman‘?

Schneider: Es schmeichelt natürlich jedem Autor, wenn man sagt, es sei ein ‚Welt-Roman‘.

Kruse: Nun ja, der Roman ist ja in mehr als zwanzig Sprachen übersetzt worden.

Schneider: Ja, vor allem auch in die vielen Sprachen des Ostens. Er ist jetzt auf Russisch erschienen, auf Tschechisch, Slowakisch, Slowenisch. – Ich war gestern auf der Buchmesse in Turin und bin mit einer indischen Romanautorin zusammengekommen. Sie hat ein Referat gehalten über ihre Romanfiguren, woher sie ihre Romanfiguren nimmt. Sie sagte etwas sehr Erstaunliches: Sie beschreibt nur ihr Dorf, und sie beschreibt es auch in ihrem indischen Dialekt, und sie fürchtet sich davor, daß die sogenannten kosmopolitischen Autoren, die sich im Grunde genommen äußerst provinziell gebärden, eben nicht dem Kosmopolitischen verpflichtet sind, sondern jene, die ihre kleine – ich sag’ wieder diesen schönen Begriff für mich – ihre kleine Heimat mit großer Liebe beschreiben. Ich meine, wir haben ja ein wunderbares Beispiel, das Urwalddorf Macondo im Roman *Hundert Jahre Einsamkeit* von García Márquez. Solche Autoren besitzen eine viel größere Kosmopolität als jene, die sich als solche gerieren. Das Schöne ist ja an meinem Buch folgendes: Ich gebe zu, ich hätte nie gedacht, daß dieser Text so oft übersetzt wird; aber wie ich diesen Text geschrieben habe und deutschen oder sogar insbesondere österreichischen Verlagen angeboten habe, wurde er immer zurückgesandt mit der Begründung, na ja, die Geschichte sei vielleicht ganz schön erzählt, aber diese Sprache werde man außerhalb Vorarlbergs nicht verstehen, nicht rezipieren. Das Buch ist ja von 23 Verlagen abgelehnt worden, und dann von einem 24. Verlag angenommen worden, nämlich in Leipzig, Reclam in Leipzig. Dazu noch von einem Lektor betreut, der aus Rostock stammt, also mit diesem Sprachidiom – es ist ja hier die Rede von diesem Alemannischen – überhaupt nichts am Hut hat. Und ich glaube, es ist schon auch so geschickt gemacht worden, daß man die Worte, auch wenn man sie nicht kennt, aus dem Zusammenhang heraus eruieren kann. Nun ist ein weiteres Problem natürlich, wie so etwas übersetzt wird. Und ich weiß es von der französischen Übersetzung, die ich ein bißchen beurteilen kann, und der englischen, daß natürlich diese Dinge völlig verlorengehen, die Farbigkeit des Provinziellen, geht verloren. Also das Provinzielle hat ja für mich keine pejorative Bedeutung. Im Französischen z. B. wird der ‚Gaden‘, dieses Bubenschlafzimmer, übersetzt mit ‚chambre‘, also, hier ist das verlorengegangen.

Kruse: Es gibt nun nicht nur eine territoriale Ferne zum Buch, jedenfalls für mich als norddeutschen bzw. italienischen Leser, sondern auch eine historische. Hier wird ja eine Bauernwelt beschrieben, von der ich, der ich freilich nur als Tourist oberflächlich durch die Alpen gekommen bin, meine, daß sie so nicht mehr lebt. Dennoch scheint das Buch ja in der breiten Rezeption große Aktualität zu beweisen. Was hat Sie dazu geführt, mit dem Roman in diese historische Ferne zu gehen? Was hat Sie dazu geführt, die Romanhandlung im Anfang des 19. Jahrhunderts anzusetzen?

Schneider: Diese Frage kann ich Ihnen eigentlich ganz einfach beantworten. Ursprünglich war es eigentlich geplant, diese Geschichte in der Gegenwart zu entwickeln. Nun ist das eine Geschichte, die mich sehr stark berührt, weil es sehr viele autobiographische Momente gibt. Ich brauchte

IV. Interview 31

ein Korrektiv gegen meine eigene Biographie, und dieses Korrektiv war das 19. Jahrhundert. Daß ich diese Geschichte in die historische Ferne gerückt habe, war nicht von Anfang an geplant, sondern es war wirklich nur ein Selbstschutz. Und auch die Einflechtung dieses Erzählers: Er sollte mich eigentlich vor mir selbst schützen. Sonst wäre diese Geschichte – und das ist ja manchmal im Buch der Fall – doch zu sehr ins Pathos abgekippt. Nun hängt ja jetzt – und das habe ich damals beim Schreiben gar nicht so realisiert – dieses 19. Jahrhundert auch unmittelbar mit dem großen Erfolg dieses Buches zusammen, denn es wird ja eine Welt geschildert, die noch funktioniert. Also das Gute funktioniert und das Böse funktioniert: Es ist ganz klar definiert; eine Welt, die im ganzen beschrieben wird. Und das ist heute nicht mehr möglich. Heute ist z. B. nicht mehr so ein Gottesbild vorhanden. Es ist heute nicht mehr möglich, eine Welt so im ganzen zu beschreiben. Reich-Ranicki, dieser große deutsche Literaturkritiker, fragte immer: Wann kommt der große deutsche zeitgenössische Roman? Ich glaube, der ist heute nicht mehr zu schreiben. Wir können heute nur noch partielle Bereiche unseres gegenwärtigen Lebens, in dem wir ja vor Informationen ersticken, beschreiben. Wir können nicht mehr ein ganzes Weltbild, das so unglaublich komplex geworden ist, beschreiben. Und dieser Text befriedigt auch eben – und das ist durchaus gefährlich – die Sehnsucht des Lesers nach klaren Fragen und klaren Antworten.

Kruse: Ja, denn zum Teil ist es ja so, daß nicht nur die Figuren des Romans – natürlich – ,naiv' sehr überzeugt sind, von dem, was sie sagen, sondern daß auch der Erzähler ganz deutlich Position nimmt und ein ebenso überzeugt naives Weltbild, von Zweifel nicht angerührte Wertungen und Ansichten vorzuführen scheint, z. B. ganz deutlich bei der Gottesfrage. Übrigens, was ist das eigentlich für ein Erzähler? Zum einen scheint er mir eine Art Chronist zu sein,

der die Geschichte aufzeichnet, aber er kennt zum andern
die Personen nicht nur als Chronist von außen, sondern
auch von innen. Und das nicht nur bei Hauptpersonen,
sondern auch bei Nebenpersonen. Bei den Nebenpersonen
wird die Geschichte dann zum Teil ja auch weiterverfolgt,
z. B. die Hebamme, wie es einer Dorfchronik entsprechen
würde. Natürlich gehört das bis zu einem gewissen Grad
vielleicht zur Umwelt und dem Milieu, in dem, oder vielmehr gegen das sich diese Genialität und diese Liebe entwickelt, bzw. nicht entwickeln kann. Was ist das für eine Er-
zählerperspektive, die dem nachgeht? Kann man die zusammenfassen in einer einheitlichen Perspektive, oder wechselt
die ständig?

Schneider: Also ich würde schon meinen, daß die immer
changiert. Also der Erzähler ist im Grunde genommen ein
unglaublicher Filou. Der Erzähler selbst hat den größten
Spaß. Ich setze natürlich nicht den Erzähler mit dem Autor
in eins. Aber er hat den größten Spaß, den Leser auf das
Glatteis zu führen. Er macht sich z. B. einen ganz ungeheu-
erlichen Spaß am Beginn des Buches, wo er, wie sie ganz
richtig gesehen haben, eine Figur aufbaut, nämlich die Hebamme, die für den weiteren Verlauf der Handlung völlig
unerheblich ist. Er mißt ihr ganz großen Raum bei, und sagt
am Ende dann mit einem Wort: Und nun verlassen wir
diese Dame, weil sie uns nicht mehr interessiert. Oder es
gibt eine andere Figur, einer der Brüder des Elias Alder,
über den es heißt, es wäre kein Wort von ihm überliefert.
Aber damit nicht genug. Der Erzähler fügt noch hinzu:
Und wäre eines überliefert, es interessierte uns nicht. Also
diese klaren Wertungen, die er immer wieder abgibt, auch
über den Elias Alder, die Hauptfigur; wie er z. B. dann an
einer Stelle sagt, hier möchte er, der Erzähler, innehalten
und den Elias Alder bei den Schultern festhalten und ihm
sagen: ›Kehr um! Geh' aus diesem Dorf hinaus!‹ – das sind
für mich Brüche, die eine gewollt ironische Funktion haben.

IV. Interview 33

Der Erzähler ist für mich ein ganz großes ironisches Moment. Er sagt damit immer wieder zum Leser, den er ja auch deutlich anspricht: ›Paß auf! Nimm die Härte dieser Geschichte nicht so ernst!‹ Er wechselt dann ja auch immer wieder die Perspektiven, stellt sich einmal völlig unwissend dar, und dann wieder als allmächtig Wissender. Mir hat das auch mächtig Spaß gemacht, diese Position des Erzählers. Das war eigentlich das einzige Vergnügen an diesem Buch.

Kruse: Dieser Erzähler unterscheidet sich ja von anderen, die in unserer Zeit Genies erzählen: Nehmen wir Thomas Manns *Doktor Faustus*, oder, Umberto Ecos *Im Namen der Rose* [sic], wo es sich beim Ich-Erzähler um eine Nebenfigur handelt, die an die Hauptfigur, an das Innerste der Hauptfigur eigentlich nicht herankommt, sondern immer nur von außen erzählen kann, die von daher die Genialität aufscheinen läßt, aber nicht erklären kann, nicht in Worte fassen kann. Während der Erzähler von *Schlafes Bruder* nun doch einen direkten Zugriff auf die Person, auch auf die Genialität der Hauptperson zu haben scheint. Zu haben scheint, sage ich, denn ich hege einen Zweifel, ob er sie wirklich hat, vor allem dort, wo die Musik beschrieben wird. Denn die Musik selbst leuchtet ja eigentlich immer nur wider, oder wird immer nur widergespiegelt durch die Beschreibung der Technik und der Wirkung, die sie hervorbringt. Der Inhalt bleibt ja eigentlich mysteriös, oder gehe ich da fehl in der Annahme? Wie ist das Verhältnis von der Genialität, die man noch direkt sieht, und dem, was sich nicht mehr sehen läßt? – Was sieht man von der Person, von diesem Elias Alder? Und was sieht man nicht mehr? Obwohl der Erzähler ja ziemlich weit geht, beispielsweise in der direkten Beschreibung des musikalischen kosmischen Allerlebnisses.

Schneider: Also die Darstellung dieses Genies, dieses musikalischen Genies, kann ja nur über Sprache funktionieren. Thomas Mann beschreibt beispielsweise im *Doktor Faustus*

Musik, er beschreibt einen Kanon mit Worten. Das hat einen großen Vorteil und hat einen großen Nachteil. Der große Vorteil ist der, daß man die Partitur nicht vorlegen muß. Man kann sie behaupten. Auch bei Thomas Mann bleibt sie behauptet. Der Vorteil ist aber eben auch der Nachteil, daß man nämlich diese Musik leider eben nicht auch in der Partitur vorlegen kann. Und wenn man einmal die Musik des Elias Alder – ich spreche jetzt einmal als Musiker – untersucht, dann ist das eigentlich eine Musik, die im Grunde genommen überhaupt nichts Geniales hat. Das ist eine ganz konventionelle Faktur von Musik, er imitiert Fugen, und wie auch eine Nebenfigur in diesem Roman, der Kantor Goller, sagt, eigentlich sehr konventionell und ohne Abgrenzung der einzelnen Disziplinen. Diese Musik ist ein spätromantischer Gestus, zumal Elias Alder ja auch nie wirklich Musik studiert hat; er hat etwas aufgeschnappt, er spricht sozusagen ein paar Worte Englisch und ein paar Französisch in der Musik, aber die Musik selbst ist nicht genial. Aber was das Faszinierende ist an diesem Orgelfest, um das es ja vor allem geht, da er dort ja seine ganz große Musik spielt – und das hat mich selber fasziniert als Autor: Man kann diese ganz große, faszinierende, mitreißende, genialische Musik tatsächlich über Sprache behaupten; und das funktioniert. Ich gebe Ihnen ein Beispiel: Ich hatte in Aachen eine Lesung mit einem Organisten. Sie kennen ja vielleicht die These aus Richard Strauss' *Capriccio*, zuerst das Wort und dann die Musik, oder umgekehrt; das ist der Konflikt im *Capriccio*. Ich habe gelesen, und ein Organist hat improvisiert. Ich habe gewonnen. Und das habe ich noch nie gesehen. Es stimmt nämlich nicht, daß das Wort gewinnt: Es wird immer die Musik gewinnen, und nicht das Wort. Aber in diesem Fall war die Improvisation, die dieser Organist zu diesem Orgelfest gemacht hat, einfach schal, weil eben die Worte um vieles mehr an Bildwelten erzeugen. Und es geht ja nur um Bilder. Wenn Sie den Text genauer ansehen von diesem Orgelfest, werden Sie feststellen:

IV. Interview 35

wo die Beschreibung der musikalischen Technik nicht mehr hinlangt, müssen Bilder kommen. Und ganz konkret träumt sich Elias Alder hier beispielsweise in seine Kindheit zurück: Und da kamen diese Bilder mit schwärmerischer Klangpracht usw.

Kruse: Dazu gleich eine Frage: Handelt es sich nicht um eine Visualisierung der Musik und eine Bebilderung? Es gibt ja auch sehr viele starke, grelle Gegensätze, Licht-Schatten-Effekte, starke Farben. Und anstatt Sie nach Ihrem Lieblingsmusiker zu fragen, möchte ich Sie nach Ihrem Lieblingsmaler fragen.

Schneider: Genau, genau. Das ist Caravaggio.

Kruse: Das habe ich mir gedacht. Schauen Sie mal, was ich hier geschrieben habe für die Frage, und dann durchgestrichen, um nicht zuviel vorzugeben: eben Caravaggio.

Schneider: Unglaublich! Genau! Ja, das ist Caravaggio. Überhaupt, die ganzen Bildinhalte sind Caravaggio.

Kruse: Diese Bildlichkeit hat natürlich zu tun mit der Sinnlichkeit und Körperlichkeit der Personen. Es gibt zuweilen fast physiognomische Darstellungen, habe ich den Eindruck. Schon wo es um die Darstellung der Leute des Dorfes geht: Viel mehr als Landschaft, Natur, Häuser wird diese durchdringende Leiblichkeit dargestellt. Was für einen Sinn hat diese Leiblichkeit? Kann man das, was man an den Ideen, den Gedanken der Leute nicht mehr ablesen kann, an den Leibern wahrnehmen? Muß man sich da auf eine bestimmte Leiblichkeit zurückziehen oder bestimmte Dimensionen entwickeln, auch in den zwischenmenschlichen Beziehungen, die in einer rationalistischen Welt vielleicht die Tendenz hatten, verlorenzugehen oder überspielt zu werden? Damit wird zudem dann ja auch die Persönlichkeit des Einzelnen, sein Gestus, seine Haltung sehr herausgestellt. Oder was hat Sie dazu geführt, diese Porträts von Personen in den Roman hineinzumalen?

Schneider: Sie haben die Frage selbst schon fast beantwortet. Weil eben am Gedanklichen fast nichts mehr ablesbar ist heute. Also für mich zumindest geht es eben nur noch über die Körperlichkeit. Das ist ja ganz offensiv in diesem Buch, das riecht ja wirklich, dieses Buch: Man sieht diese Großlippen, diese Schwellmünder, diese unglaubliche Körperlichkeit, körperliche Roheit auch, die immer wieder hervortritt. Ja, ich seh das genau so wie Sie, eben, weil das gedanklich nicht mehr erkennbar ist, klar abgrenzbar ist, schal auch geworden ist: Es berührt auch nicht mehr.

Kruse: Was vielleicht dennoch berühren könnte – die Frage ist natürlich, *wie* das berührt –, ist neben der Leiblichkeit doch auch eine bestimmte Art der Geistigkeit. Im Buch gibt es eine Art Geistigkeit, die im ganz entfernten Sinne vielleicht religiös ist. Vielleicht eine negative Religiosität, denn Gott wird nun ja beschrieben als ein böses Kind, er ist grausam, er verfolgt einen ganz bestimmten Plan ...

Schneider: ... und dieser Plan ist die Auslöschung des Wortes. Negative Religiosität. Das ist ein ganz wichtiges Stichwort.

Kruse: Aber das heißt doch immer noch, daß man an die Religion als Dimension gebunden bleibt. Als menschliche Dimension? Welches Verhältnis entwickelt man heute zur Religion? Ist das ein ironisches? Kann man heute nur noch so, also ironisch, Religiosität als menschliche Dimension erfahren? Oder wollen Sie vielleicht nur die Notwendigkeit der religiösen Dimension zugleich mit darstellen?

Schneider: Ja, die religiöse Dimension ist ganz bestimmt im Roman drin. Für mich war ja eines sehr, sehr spannend zu erfahren. Erst einmal, wie läßt sich Religion in einem literarischen Text von heute, einem zeitgenössischen Text überhaupt noch darstellen. Natürlich, eine Art negative Theologie ist immer noch Theologie. Ich glaube aber nicht, daß der Roman die Frage beantworten will, ob wir überhaupt noch eine Theologie gebrauchen. Meiner Meinung nach will der

IV. Interview 37

Roman das nicht beantworten, und der Autor schon gar nicht. Es gibt eine ganz klare Form von Religiosität in diesem Buch, und das ist die des Autors, aber die hängt zusammen mit der Musik: Sozusagen die Schwester der Religion ist die Musik. Das ist eine Form der Religiosität. Ansonsten spielt sie keine wirklich große Rolle, es sei denn, mit dem Weltbild dieses ganzen Romans. Das ist wirklich noch das Weltbild des 19. Jahrhunderts, in dem Gott noch dieser rex tremendus, dieser Weltenrichter war, nicht der versöhnende Gott, sondern der, der am Schluß über Gut und Böse gerichtet hat. Das ist sozusagen der Versuch, auch soziologisch ein bißchen genauer zu werden. Nur glaube ich nicht, daß dieses Welt- und Gottesbild heute noch von wirklicher Relevanz ist.

Kruse: Nein, dieses Weltbild sicherlich nicht. Wenn nun aber die Religiosität mit Musik zu tun hat, so darf ich vielleicht von daher noch einmal auf die Musik zurückkommen. Was für eine Musik wäre das? Sie selbst, der Sie ja Musik, also Komposition, studiert haben, haben ja die Musik des Elias Alder vorhin kritisiert als spätromantisch. Was für eine Musik würde denn dieser Religiosität entsprechen? Oder kann man das überhaupt noch sagen?

Schneider: Ich glaube, das kann man eben nicht mehr sagen. Ich gehe da von einer Beobachtung aus. Wenn wir die Barock-Musik nehmen, so ist das ja ein ganz bestimmtes Idiom, ein ganz bestimmter Gestus, und nur in diesem Gestus wurde musiziert. Bach z. B. hatte höchstwahrscheinlich keine Kenntnis mehr von Monteverdi. Bei Johann Sebastian Bach gibt es noch einige Kantaten, die noch in diesem antiken Stil komponiert wurden. Ein bekannter Bach-Forscher sagt, es könne sein, daß Bach unter Umständen einige Partituren früherer Zeitgenossen gesehen und studiert habe. Daß aber Bach wirklich die Vergangenheit rezipiert habe, könne man nicht sagen. Mozart nun hat schon von Bach Kenntnis gehabt; er fand das alles aber ein komisches, altes, kompliziertes Zeug. Da gibt es einen schönen Brief an Constanze, wo er das ausspricht. Wir hingegen sind heute in der Lage, diese vielen, vielen unterschiedlichen Stile, die es gibt, von der mittelalterlichen Musik, der Monophonie bis heute parallel nebeneinander zu rezipieren. In der Musik kann man mit allem spielen. Auch in der Literatur ist es so. Und deswegen ist es einfach eine Frage der Entscheidung, was man favorisiert, worin man sich wirklich artikulieren kann, worin man Gefühl erleben kann. Für den einen ist das die romantische Musik, für den anderen ist das die Barockmusik, für einen wieder anderen ist es die neue Musik.

Kruse: Das bedeutet, daß wir heute in einem Zeitalter leben, in dem wir sozusagen die Historie der Musik als Formenwahl vor uns haben, selbst aber kaum noch in der Lage sind, eigene, authentische Musik hervorzubringen.

Schneider: Ganz richtig! Wir sind jetzt bald bei dem Stichwort Postmoderne. Bei der neuen Musik kann man sehr gut beobachten, daß es Komponisten gibt, die z. B. ganz bewußt jede vorhandene Form negieren. Nun läuft ja Musik in einem Kontinuum von Zeit ab, sonst ist es keine Musik. Und sie muß bestimmte Formprinzipien erfüllen. Nun gibt es Komponisten, die eine verzweifelte Angst davor haben, irgend etwas zu zitieren. Unter jungen Komponisten gilt es immer als ziemlich schick zu sagen, man habe ein ganz neues System erfunden, das noch nie da war, also weder dodekaphonisch ist, noch das, noch jenes. Also diese unglaubliche Angst davor, aus dem Alten zu schöpfen. Aber es geht doch nicht anders. Das Neue ist immer nur durch eine Neukombination des Alten enstanden. Natürlich ist es völlig klar, daß ein so unglaublicher – ich sag das jetzt mal provokativ –, ‚Ballast‘ fast künstlerisch impotent macht. Wenn man sich die neue Musik auch ansieht, so ist sie ja völlig hilflos, sie ist völlig beliebig geworden auch.

Kruse: Um nun nicht zu weit vom Roman abzuschweifen, möchte ich Sie – immer noch im Rahmen des Musikthemas

IV. Interview 39

– fragen, ob es im Text musikalische Strukturen gibt. Der
Roman folgt insgesamt ja einer chronologischen Entwicklung, aber es gibt ja immer wieder Vorwegnahmen, Voraus-
deutungen des Erzählers, der ankündigt und präsent macht,
was passieren wird, und es werden ja auch verschiedene
Perspektiven verfolgt, verschiedene Themen: z. B. das Hei-
matthema, die Ausmalung der Figuren des Dorfes, vom
,Meistenteils' über die Vaterfigur etc.; dann das Thema der
Liebe, und natürlich das des Genies und der Musik. Darf
man über die rein chronologische Ordnung hinausgehen
und hier verschiedene Themen sehen, die in einer gewissen
Weise durchkomponiert sind?

Schneider: Es ist ganz bestimmt nicht so, daß jedem Kapitel
eine ganz bestimmte musikalische Form zukäme. Als Ganzes ist der Roman natürlich einer bestimmten musikalischen
Form verpflichtet, und die ist sehr frei. Das ist – aus der
Spätromantik kommend – die Rhapsodie. Der Roman ist
sehr rhapsodisch: Die Rhapsodie ist aber praktisch verknüpft mit einer streng linearen Form des Denkens, nämlich der des Kontrapunkts. Es gibt in diesem Text – das läßt
sich sehr gut ablesen – gewisse Elemente, die sich spiegeln;
wenngleich das natürlich nichts Neues ist. Oder es gibt den
Erzähler, der sich selbst nochmal zitiert und das dann ein
bißchen bricht. Oder es gibt reine musikalische Aspekte im
Sinne von musikalischen Parametern, z. B. das Crescendo.
Wie ist ein musikalisches Crescendo gestaltet? Und wie
kann ein literarisches Crescendo gestaltet werden? Das
,Hörwunder' ist ja im Grunde nichts anderes, als im Pianissimo zu beginnen, im Fortissimo zu enden und wieder im
Pianissimo anzusetzen. Aber daß dem ganzen Roman eine
strenge musikalische Form zugrundeläge, eine Fuge oder so
etwas, ist nicht der Fall. Das geht ja auch nicht. Ich habe mir
mal die *Todesfuge* von Celan angesehen; eine Fuge litera-
risch auszuführen, ist unmöglich. Da müßte man drei oder
vier Sprecher simultan sprechen lassen.

Kruse: Um von der Musik wieder zur Literatur zurückzukehren: Vorhin haben wir beispielsweise ja schon Márquez genannt, was die territoriale Bindung anbelangt, sowie Thomas Mann und Umberto Eco, was die Geniethematik betrifft. Haben Sie sich beim Schreiben des Romans auch an literarischen Vorbildern orientiert? Natürlich kommt da einem unter den neueren Romanen sofort *Das Parfum* von Süskind in den Sinn.

Schneider: Die Frage nach Süskinds Roman möchte ich gleich aufnehmen. Es ist ja nicht von der Hand zu weisen, daß der Autor von *Schlafes Bruder Das Parfum* gelesen haben muß, das ist ganz klar. Sigrid Löffler sagt in einer Rezension: Dort sei das Geruchsmonster, hier das Gehörmonster. Auch in der Weise, wie der Roman erzählt wird, von der Wiege bis zur Bahre, gibt es auch klare Parallelen. Es gibt aber meiner Meinung nach einen ganz großen Unterschied zwischen den beiden Romanen, und der liegt im Gestus, in dem die Geschichte erzählt wird. Der Erzähler von *Schlafes Bruder* nimmt Anteil, er haßt und er liebt, oder um es mit einem schönen Wort zu sagen, das in einem Stück von Turgenjew vorkommt, wo die Dame zum Dichter sagt: Aus Ihren Büchern geht nicht hervor, wen Sie hassen und wen Sie lieben. Also dieser Roman bekennt sich ganz eindeutig zu Emotionen: Er zeigt, wen er liebt und wen er haßt, und bietet dadurch natürlich auch eine ganz breite Angriffsfläche. Und das macht eben *Das Parfum* von Süskind nicht. Süskind hält sich da sehr zurück.
Weitere Vorbilder, ganz wichtige Vorbilder, sind, wie schon gesagt, *Hundert Jahre Einsamkeit*, gerade auch, was das Phantastische und die Erfindungen betrifft. Und dann bin ich vom Erzählerischen her schon sehr, sehr stark Joseph Roth verpflichtet. Joseph Roth ist wirklich mein ganz großes Vorbild, und zwar vor allem – ich kann es nur musikalisch sagen – von dem Bogen, dem Erzählbogen her. Das ist etwas, was ich in der neueren Literatur so schmerzlich ver-

IV. Interview 41

misse. Joseph Roth war noch einer, der wirklich einen ganz
großen erzählerischen Bogen vollziehen konnte. Da war
noch die Kunst, in eine Geschichte einzuführen und sie
dann über lange, lange Zeit hin zu einem Ende zu bringen.
Es ist kein Öperchen, sondern es ist eine Oper.

Kruse: Süskinds Roman war ein Erfolgsroman, auch Ihr
Roman ist einer. Woran liegt es, daß Ihr Roman diesen Erfolg erzielte? Liegt das am Thema der Genialität? An dem
der Liebe? Daran, wie diese Themen durchgeführt sind?
Wie erklären Sie sich selbst den Erfolg des Romans? Hat
der Erfolg Sie überrascht?

Schneider: Also der Erfolg hat mich, wenn ich ganz ehrlich
bin, nicht überrascht. Ich bin schon ein Autor, der Geschichten schreibt, von denen er annimmt, daß Menschen sie gerne
lesen. Daraus habe ich nie einen Hehl gemacht. Und welcher
Autor nimmt das übrigens nicht von sich selbst an? Ich habe
noch keinen Autor gesehen, der von sich selbst gesagt hat, er
möchte von niemandem gelesen werden. Es ist hier natürlich ein gewisses, ganz klares Kalkül dabei. Nur: Was mich
wirklich sehr verblüfft hat, ist, daß diese Geschichte auch im
Ausland so stark rezipiert wurde.
Was nun ist das Geheimnis des Erfolgs? Ich glaube, das
kann man als Autor schlecht beurteilen. Ich kann nur versuchen, gewisse Aspekte aufzuzeigen. Einerseits ist es nochmal eine abgeschlossene Geschichte. Da wird eine Geschichte von Anfang bis zum Schluß erzählt. Sie wird nicht
andauernd wieder zerstört, und es wird auch nicht die
These erhoben, man könne keine Geschichten mehr erzählen: wie z. B. Botho Strauß in *Der junge Mann*, der nach
diesen Sätzen 20 Seiten eine Geschichte erzählt, um zu beweisen, daß man keine Geschichte mehr erzählen kann.
Schlafes Bruder hat einen Autor, der versucht, dem Leser
tatsächlich etwas zu erzählen, den Leser durch Spannung
bei der Stange zu halten; ein Autor, der natürlich auch, und
das ist sehr, sehr wichtig für diesen Roman, vom Film ge-

lernt hat. Also, dieser Roman hat sehr viel filmische Technik. Das letzte Kapitel dieses Romans beispielsweise ist nichts anderes als eine filmische Retrospektive. Hier wird praktisch am Schluß noch einmal die Geschichte in kurzen Bildern auf eine andere Weise erzählt. Weiterhin ist es ein kurzes Buch, was auch wiederum, so meine ich, mit gewissen Schnittechniken des Films zu tun hat. Wir modernen Autoren können ja nicht mehr leugnen, daß uns der Film auch im Dramaturgischen begleitet. Wie werden Geschichten erzählt? Wie werden sie angelegt? Wo werden sie geschnitten? Wo wird nicht geschnitten? Was läuft simultan, was nicht simultan? Das alles sind sicherlich Ingredienzen zum Erfolg dieses Buches. Aber was nun letzten Endes den Erfolg ausgemacht hat? Ich bin einerseits davon ausgegangen, daß das Buch in Deutschland relativ auffallen könnte. Da ist natürlich zum einen die Sprache. Die Verlage und Lektoren haben, als sie den Roman abgelehnt haben, das – soweit sie überhaupt Argumente dafür vorgebracht haben – damit begründet, die Sprache sei zu anspruchsvoll, – was ich überhaupt nicht finde. Auch haben mir viele Leser geschrieben und gemeint, die Sprache sei viel zu anspruchsvoll. Ich solle beim nächstenmal die Sprache noch viel weiter herunterschrauben, um wirklich ganz erfolgreich zu sein.

Kruse: Hoffentlich nicht! – Das Thema des Genies, das sich nicht entwickeln kann, ist das eigentlich ein aktuelles Thema?

Schneider: Das glaube ich nicht! Das ist natürlich im Roman ein wenig übertrieben. Aber was ein ganz starkes Thema ist, ist ein ganz anderes. Daß nämlich in unserer ungemein pluralistischen Gesellschaft junge Menschen nicht mehr in der Lage sind zu selektieren. Und das ist genau das Problem des Helden. Elias Alder, der hin- und hergerissen ist zwischen der Liebe und der Musik. Er kann sich lange Zeit nicht entscheiden. Er fühlt sozusagen in sich zwei Stimmen, ist hin- und hergerissen und dadurch im Grunde

IV. Interview

genommen auch unfähig. Am Schluß entscheidet er sich für die Liebe und gegen die Musik, und das ist sein Untergang.

Kruse: Aber ist die Liebe nicht zugleich auch die Kraft, die ihn seine Musik ausüben läßt? Nicht nur hört er am Anfang doch, daß Elsbeth geboren wird, sondern beim Orgelfest führt er doch alle Themen so durch, also würde er sie für Elsbeth oder Elsbeths Herz spielen.

Schneider: Das ist natürlich richtig. Nur führt das zugleich von der realen Elsbeth immer weiter weg. Das ist doch das Problem. Die Musik ist ja nur dazu da, um die Liebe zu artikulieren. Nur merkt Elias Alder, daß sie ihn von der geliebten Person immer weiter wegführt, anstatt ihn ihr näherzubringen. Was ihn ihr wirklich näher brächte, das wäre die Sprache; zu artikulieren wäre das in der Sprache, nicht in der Musik.

Und dann glaube ich ein anderes auch, daß nämlich diese Armut, sich etwas zuzutrauen, sich ein Talent zuzutrauen, sich es auszusprechen, doch auch sehr viele Menschen irgendwie angesprochen hat. Ich meine nun nicht das Genie, aber es gibt schon recht viele Menschen – und das ist auch tief menschlich –, die von sich im Grunde genommen überzeugt sind: Ja wenn ich dürfte, dann könnte ich. Und so eine zaudernde Figur ist auch der Elias Alder; und hier, glaube ich, konnte sich auch ein Teil der Leser identifizieren. Mit dieser zaudernden Figur, die ich nicht gerade sympathisch gezeichnet finde, – für mich eine völlig unsympathische Figur. Aber sie ist ein Gefäß für solche Sehnsüchte.

Kruse: Und die Liebe? Die Liebe ist ja hier dem Tod sehr nahe. Ist das eine notwendige Beziehung Liebe – Tod, oder wären andere Beziehungen denkbar?

Schneider: Elias Canetti hat mir zwei Jahre vor seinem Tode einen Brief geschrieben. Und darin moniert er sehr stark dieses nahe Verhältnis Liebe – Tod. Er sagt, er glaube nicht daran, daß eine jede Liebe in den Tod führt. Für seine Begriffe hätte ich mich zu sehr in dieses Thema Tod verliebt. So sei aber dieses Verhältnis nicht. Nun ist es einfach die Überzeugung des Chronisten im Roman gewesen, daß jede Liebe in den Tod führt. Natürlich ist das eine der krassesten Behauptungen überhaupt, die es geben kann. Natürlich gibt es andere Wege, bestimmt!

Kruse: Schlafes Bruder ist ja in gewissem Sinne auch ein Künstlerroman, ein Roman, der Kunst thematisiert. Wie nun wird die Kunst hier aufgefaßt? Wovon handelt diese Kunst? Eine soziale Absicht der Kunst scheint es in diesem Roman ja nicht zu geben. Wollte ich ganz spontan meinen Eindruck über den Kunstbegriff des Romans artikulieren, so würde ich sagen, er sucht eine Art ‚Symphonie‘, einen Einklang, ein Übereinklingen mit ‚Gott‘ und ‚mit der Welt‘ zu beschreiben, nicht im Sinne eine Harmonie, sondern eine ‚Symphonie‘, die alle Dissonanzen – es gibt ja auch eine klare Verurteilung Gottes durch den Erzähler – miteinbezieht. – Also: Was ist für Sie die Kunst? Worin besteht für Sie der Sinn des Schreibens? Natürlich hoffe ich auch, daß es Ihnen Spaß macht.

Schneider: Ja, das ist ganz wichtig. Das Vergnügen ist also wirklich etwas, das absolute Priorität hat. Auch das Vergnügen beim Lesen, das Vergnügen beim Schreiben.

Kruse: Ist das denn ein reines Vergnügen, oder ist das auch ein Vergnügen an der Ironie? Das sind ja keine leichten Probleme, die da durchgegangen werden.

Schneider: Also, es ist ein Konglomerat aus sehr vielem. Das Vergnügen allein ist natürlich zu wenig. Das ist ja auch Leiden. Wobei ich der Meinung bin, daß ein Autor nicht unbedingt leiden muß, um ein Buch zu schreiben. Diese These vertrete ich nicht. Reich-Ranicki fragte damals im Literarischen Quartett: Ja, hat dieser Autor denn überhaupt ein Thema? Also das kommt direkt aus dieser Ecke. Und er war irgendwo davon überzeugt: Na ja, dieser Autor – das hat er auch so formuliert –, saß eines Nachmittags am Schreibtisch und fragte sich: Na, worüber schreib’ ich

IV. Interview 45

heute? Was mach' ich jetzt? Ach, wir machen jetzt Musik
ein bißchen, und so. Hat dieser Autor überhaupt ein
Thema? Oder, wie es in einer anderen Rezension hieß, war
dieses Buch notwendig? Natürlich war es das nicht. Nur
frage ich mich als Autor: Wenn es mir gelungen ist, den Leser einen Nachmittag lang zu vergnügen oder ihn auch zu
ärgern, ihn auch an der Nase herumzuführen, es mir zumindest gelungen ist, ihn irgendwo bei der Stange zu halten
durch Spannung, und er neugierig geworden ist, wie auch
immer, dann hat dieses Ding seinen Sinn gehabt. Also, es ist
wirklich sehr wichtig, das Vergnügen, die Freude, auch der
Ärger, es soll einfach berühren. Wie Sie ganz richtig bemerkt haben, politisch würde ich nicht sehr viel darin sehen.

Kruse: Nein, nein! Eine direkt politische Absicht ist sicher
nicht die Hauptaufgabe der Literatur. Wenn man aber davon ausginge, Literatur habe die Funktion, Haltungen, Einstellungen der Subjektivität zu entwerfen, so möchte ich Sie
fragen, welche Haltung diesem Buch insgesamt zugrunde
liegt? Mir scheint das eine der ironischen Distanz zu sein,
eine, die die Dinge liebt und sich zugleich zu ihnen in eine
gewisse Distanz zu setzen vermag, woraus dann ein Spiel
entsteht, das Vergnügen bereitet. Also, das war mein Eindruck.

Schneider: ... also die, die Dinge liebt, die von den Dingen
manchmal auch zu sehr erfaßt wird. Und dadurch entsteht
eben auch manchmal ... Haß; die über den Dingen auch
nicht stehen kann, die sie anzieht und abstößt gleichzeitig.
Die innere Haltung dieses Romans ist ganz bestimmt Sehnsucht, Sehnsucht nach der Schönheit, nach der Vollendung,
Sehnsucht nach einem ganz dichten gelebten Leben.

Kruse: Also das ist, glaube ich, recht wichtig: Sehnsucht
nach einem dicht gelebten Leben. Also ein Leben, wo man
nicht das Vergnügen sucht, sondern die Fülle.
Eine allerletzte Frage: Ist das ein Buch, das man in der
Schule lesen könnte, sollte, dessen Lektüre anzuraten wäre?

Schneider: Ich habe jetzt in der letzten Zeit sehr viele Briefe bekommen von Deutsch-Leistungskursen, die dieses Buch gelesen haben, und das Schöne ist: Es hat immer ungeheuerlich polarisiert. Und das ist eigentlich schon ein Grund, dieses Buch zu lesen. Mir schreiben die Lehrer immer wieder oder auch die Schüler, meistens ist das so, daß die Briefe der Schüler – dazugelegt sind –, daß dieses Buch immer zu ganz heftigen Diskussionen anregt. Diskussionspunkte sind dann z. B. diese Schilderung der Grausamkeit. Das Buch bildet offensichtlich so viele Angriffsflächen, daß es als Diskussionsgegenstand ganz phantastisch ist. Es dürfte schon Sinn machen, das Buch in der Schule zu lesen. Es kommt auch unglaublich gut bei jungen Leuten an. Der Literaturpreis Grinzale-Cavour, den ich kürzlich gewonnen habe, der wurde ja praktisch von Schülern vergeben. Die Schüler waren eigentlich die Jury. Nicht von ungefähr ist gerade dieses Buch von den Schülern so hoch bewertet worden, weil da offensichtlich Diskussionspunkte und Fragen drinliegen, die diese jungen Leute wirklich berühren.

Siena, im Mai 1995«

Bernhard Arnold Kruse: Interview mit Robert Schneider. In: Der Deutschunterricht 48 (1996). H. 2. S. 93–101. – © Bernhard Arnold Kruse, Sovicille (Italien).

V. Rezensionen

Schlafes Bruder fand sofort nach seinem Erscheinen im August 1992 breite Beachtung im Feuilleton. Fast alle Tages- und Wochenzeitungen reagierten mit zum Teil großen Besprechungen. Zu den ersten Rezensenten zählt HERBERT OHRLINGER, damaliger Literaturredakteur der Wiener *Presse*. Er rühmt vor allem die Erzähl- und Sprachkraft Schneiders:

»Robert Schneider erzählt diese abenteuerliche Geschichte mit spielerischer Präzision: mit scheinbar unerschöpflichem Einfallsreichtum versteht er, aus jeder Episode kleine Erzählungen zu gestalten, die aufs natürlichste in den Fluß des Ganzen eingebettet sind. Der Stoff entgleitet ihm ebensowenig wie seine skurrilen Figuren, die, ungeachtet aller Empörung, nie denunziert werden. Wie leicht hätte da ein rustikales Rührstück entstehen können! Allein, Schneider ist dieser Versuchung nicht erlegen. Als leidenschaftlich könnte man seine Schreibhaltung charakterisieren, wobei diese Leidenschaftlichkeit allerdings einem kühlen Kopf entspringt.

Man weiß von Anfang an Bescheid über das Ende, weiß, daß dieser von Gott verlassene Musiker Johannes Elias Alder vergeblich auf einen Fingerzeig der Gnade hofft, und dennoch hält die Spannung. Ja, sie nimmt noch einmal zu und verdichtet sich, indem Schneider bereits gelöste Handlungsstränge erneut verknüpft, zum wahrhaft furiosen Finale.

Nach der endlosen Kette von Demütigungen, die Johannes Elias Alder, diesem ›Zerrbild göttlicher Verfehlung‹ widerfuhren, nach der Hochzeit der einzig herzensverwandten Cousine Elsbeth mit einem anderen, wird er durch Zufall zum alljährlichen Orgelfest in das Städtchen Feldberg eingeladen. Angekündigt als ›kurioses Naturtalent‹, extemporiert der anfangs belächelte, barfüßige, des Notenlesens unkundige Bauernbub über das Lied ›Kömm, o Tod, du Schla-

48 V. Rezensionen

fes Bruder‹, wie es die versammelten Honoratioren niemals
noch vernommen haben.

Und der ausgebildete Musiker Robert Schneider vermag
dieses Hörerlebnis in ein Spracherlebnis zu verwandeln, das
die Erschütterung seines der Schwarzen Romantik entlehn-
ten Helden auf den Leser überträgt. Verzweiflung und Eu-
phorie finden erneut zu einem ›Wunder des Hörens‹, das
dieses Mal nicht geschieht, sondern durch das Orgelspiel
evoziert wird.

Die Natur wird zur Tonsprache, und Melodie folgt auf Melodie, die wiederum und wie ehedem dem Takt des Herz-
schlages der unerreichbaren Verwandten gehorchen. ›Der-
gestalt wollte er darlegen, wie man sich gegen den Tod auf-
zulehnen habe, gegen das Schicksal, ja gegen Gott. Der Tod
als jähes Schweigen, als unerträgliche Pause. Und der gede-
mütigte Mensch, wie er aufschreit im sinnlosen Gebet. Wie
er sich das Hemd wegreißt, wie er sich die Haare rauft, wie
er irr zu fluchen anhebt, und wie er doch immer zu Boden
geworfen wird. Denn alles Aufbegehren nützt nichts. Gott
ist ein böses, nabelloses Kind.‹

Aber dieses Stück Musik wird von Johannes Elias Alder nicht
gespielt, es wird durchlebt; und so gerät ihm zur Gewißheit,
was er zuvor geahnt: ›Erlösung ist die Erkenntnis der Sinnlosigkeit alles Lebens.‹ Am Ort seiner furchtbaren Erweckung,
am Bett der Emmer, bei einem Stein, der aussah wie die ›Fuß-
sohle Gottes‹, löscht dieser naive Intellektuelle konsequent
sein Leben aus, ein Leben wider das Einverständnis der Zeit.
Robert Schneider hat es in einem meisterhaften Roman beschrieben.«

Herbert Ohrlinger: Ein Neuer aus Österreich. In:
Die Presse. 22. 8. 1992. – © Die Presse Verlags-
Ges. m. b. H., Wien.

Auch der Münsteraner Kritiker HERMANN WALLMANN
stellt die sprachliche »Zumutung« des Romans und die
pointierte Handhabung der Erzählstimme heraus:

V. Rezensionen   49

»»Der Leser, der uns zwischenzeitlich bis zu diesem Punkt
gefolgt ist, mag sich die Frage vorlegen, weshalb wir uns so
ausführlich über den hitzigen Kuraten verbreiten und nicht
endlich die Erzählung auf jenes sonderliche Kind hinfüh-
ren. Er möge sich diese Frage bewahren.‹
Auf den ersten Blick eine auktoriale Intervention, wie sie im
18. Jahrhundert gang und gäbe gewesen ist. Aber hier – in
dem ersten (!) Roman des 1961 in Bregenz (Vorarlberg)
geborenen Robert Schneider – erfolgt sie schon nach 20
von knapp 200 Seiten! Hat der Erzähler Grund zu der
Annahme, selbst gutwillige Leser hätten Mühe, ihm zu fol-
gen?
Er hat, und er hat nicht. Es mag eine Zumutung durchaus
sein, daß der Roman – nach ›Pascales Herzschlagen‹, dem
Motto, besser: der Inschrift – mit einer Art Vorspiel beginnt, das eine Art Sprichwort (›Wer schläft, liebt nicht‹) ex-
pliziert, und daß diese Explikation von vornherein die
Handlungsspannung kalmiert. Es mag auch eine Zumutung
sein, daß er dann einsetzt mit dem ›Letzten Kapitel‹. Aber
es sind Zumutungen, die im Zeitalter des Videoclips besten-
falls ein übernächtigt wehmütiges Mitleid provozieren. In-
sofern kann der Erzähler unbesorgt sein.
Und doch, *so* grundlos ist seine Befürchtung nicht. Die Zumutung, die Robert Schneider riskiert, ist keine der Struktur, sondern eine der Sprache, eine (linguistisch gesprochen:)
des ›Registers‹, für das er sich entscheidet und das er mit
unbeirrbarer Sicherheit ›durchhält‹.
Auf *Schlafes Bruder* trifft zu, was vor vier Jahren Peter
Handke über die wundersamen Erzählungen von Johannes
Moy (geb. 1903) gesagt hat: ›(Sie) scheinen zunächst aus einer anderen Zeit zu kommen, sowohl in ihren Themen als
auch in ihrer Sprache. (...) Und die Geste der Sätze ist
dann, noch deutlicher vielleicht als die eines Chronisten, die
eines Gedenkenden: eine höchst eigentümliche (...) Einheit
zwischen Abstandhalten und herzlicher Anteilnahme.‹ Johannes Moys *Kugelspiel* (1988) mit seinen lebensfernen

Sonderlingen muß 1940, als es das erste Mal erschien, so (beinah selbstmörderisch) ›fremd‹ gewesen sein, wie es heute ›die Geschichte des Musikers Johannes Elias Alder‹ wäre, ›der 22jährig sein Leben zu Tode brachte, nachdem er beschlossen hatte, nicht mehr zu schlafen‹ – wäre, ohne die postmoderne Zerstreutheit des Betriebs . . .

Robert Schneiders anfangs zitierter Erzählerkommentar ist so illusionslos wie selbstbewußt, aber die Wendung, mit der er ihn abschließt, verdient einen zweiten Blick. Seine Frage solle der Leser nicht etwa vertagen oder aufsparen, sondern *bewahren*, also wie eine Haltung, eine Einstellung, eine Naivität, eine Ungeduld, eine Utopie. Das aber nicht in Anbetracht eines Gegenstandes, sondern eines erzählerischen Verfahrens!

Unmittelbar vor dem letzten Kapitel, das zurückblendet in die Kindheit Cosmas', der im bereits genannten ›letzten‹ Kapitel des Romaneinstiegs als Letzter des Alder-Geschlechts ›stirbt‹, wendet sich Robert Schneiders Erzähler ein weiteres Mal an den Leser: ›Wir ersparen (ihm), der uns ein guter Freund geworden ist, er wäre unmöglich bis an diesen Punkt des Buches vorgedrungen –, die Einzelheiten der Auslöschung des Dorfes Eschberg.‹ (Eschberg ist der Schauplatz der Erzählung, der 1912, mit Cosmas' Hungertod, von der Natur wieder ›zurückgeholt‹ worden sei: Schneiders Roman kann auch als ein Gedankenspiel gelesen werden über ein Dorf, das es nie gegeben hat, oder über ›diese unbekannten, diese geborenen und doch zeitlebens ungeborenen Menschen‹.)

Auch der letzte Erzählerkommentar weist eine Pointe auf, die einer bildungsbürgerlichen Assoziation entgehen mag, der Assoziation etwa an den Herausgeberbericht in Goethes *Werther*, wo der Gewißheit Ausdruck gegeben wird, der Leser werde Werthers ›Geiste und seinem Charakter (. . .) Bewunderung und Liebe seinem Schicksale (. . .) nicht versagen‹. Schneiders Erzähler indes baut darauf, daß der Leser *ihm* (der ja nur qua Erzählen existiert und also für die

V. Rezensionen

Methode steht!) freund geworden ist – und kann es tun mit
Fug und Recht! Denn er hat nicht nur eine unerhörte Bege-
benheit erzählt, er hat sie auch unerhört vorgetragen, im
Tonfall wie in der Komposition!«

> Hermann Wallmann: Klangwetter, Klangstürme,
> Klangmeere, Klangwüsten. In: Süddeutsche Zei-
> tung. 30. 9. 1992. – © Hermann Wallmann, Mün-
> ster.

THOMAS E. SCHMIDT analysiert zum einen die Sprachmi-
schung des Buches und zum anderen die parodistischen Elemente der von Schneider skizzierten Dorfwelt, der »Vorarlberger Creep-show«:

»Robert Schneider schreibt eine stilistisch sehr ambitio-
nierte Prosa, eine Sprache voller regionaler und altertü-
melnder Ausdrücke, rhythmisch austariert, gelegentlich
drastisch. Kaum ein Autor macht heute von der archaisierenden Stilisation so konsequent Gebrauch. Das ist ein Risiko, zumal bei einem Romandebüt, und doch gelingen
Schneider im Chronistenton eindrucksvolle Passagen, deren
vielleicht schönste Elias' große Vision vom Winter 1808 ist,
während der sämtliche Töne des Universums in das Kind
hineinfahren und es stigmatisiert, nämlich mit ›Augen, gelb
wie Kuhseiche‹, zurücklassen. Von diesem Tag, an dem der
Knabe auch den Herzschlag seiner (vermeintlich) ihm vor-
bestimmten Geliebten vernommen hatte, ist er Spielball,
man möchte sagen: Opfer seiner erotischen und künstleri-
schen Impulse. Denn für sie gibt es keine Äquivalente im
rudimentären Zeichensystem der Dörfler, und so manife-
stiert sich die Genialität als körperliche Entstellung und in
wunderlichem Benehmen. Ein Außenseiter, der nicht einmal weiß, daß ihn etwas auszeichnet.
Vielleicht markiert es die Schwäche des Buchs, daß Schneider seine Geschichte nicht auf Höhe der Intensität und Be-
deutsamkeit dieser Vision halten kann. Was folgt, ist das so-

ziale Martyrium dieses Begabten, seine Ausgrenzung aus einer Horde von Imbezilen und Gemeingefährlichen, sein Untergang in Fühllosigkeit und Niedertracht.

Einmalig in diesem Landstrich, den Gott offenbar in einer Stunde schuf, da ihn Zweifel an der Schöpfung plagten, war nämlich nicht das Erscheinen eines Genies, denn mit so was wurde ein Dorf fertig. Etwas anderes wäre ungeheuerlich und wirklich erzählenswert gewesen: Wenn dieser Kerl eine Innerlichkeit ausgebildet, wenn er sich seine Misere zu Bewußtsein gebracht hätte. So bleibt Schneiders Held doch nur ein idiot savant; und auch der Biograph verweigert ihm, der nur Töne kannte, nachträglich eine eigene Sprache.

Vor dem Leser wird statt dessen ein Tableau der vorzivilisierten Grausamkeit entrollt. Dabei mag Robert Schneider keinen Effekt auslassen, Totschlag, Aberglaube, Feuersbrünste, Neid unter Habenichtsen und verdruckste Sexualität: Eine Vorarlberger Creep-show turnt vorüber. Der historische Roman als ein Stück schwarzer Heimatliteratur.

Doch bleibt einem aber dabei nicht mal das Lachen im Hals stecken, diese Deppen und Mordbuben rufen nur mildes Lächeln hervor. Man ist ihnen wohl schon zu oft begegnet.

Das alles klingt nach böser Parodie, einer stereotyp gewordenen literarischen Misanthropie, gäbe es nicht ein Indiz, das gegen die Ironie, auch gegen die Selbstironie spricht. Schneider gelingt es nämlich nicht, die holzschnittartige Sprache der Bergler durchzuhalten. Zu groß ist die Versuchung, die schockierenden Begebenheiten durch Interpretation noch einmal zu akzentuieren, ins rechte Licht zu rükken. So entschlüpfen dem Erzähler immer wieder Vokabeln wie ›mongoloid‹, ›instinktlos‹, ›verpotenzieren‹, ›Faszination‹ oder ›masochistisch‹.

Dieser Chronist ist mit dem Bewußtsein des 20. Jahrhunderts ausgestattet, er verfügt über das medizinische und sozialpsychologische Wissen, um das an Elias Alder begangene Unrecht in richtiger Weise zu diagnostizieren. Und lei-

V. Rezensionen

der fließt diese ehrlichgemeinte und ganz heutige Empörung über den Untergang des ›Anderen‹ in einer repressiven Sozialwelt auch in die Erzählung ein. Auf diese Weise wird der bizarren Historie dann doch noch ein parabelhafter, moralischer Sinn abgerungen.«

> Thomas E. Schmidt: Das Genie, das keines wurde. In: Frankfurter Rundschau. 10. 10. 1992. – © Thomas E. Schmidt, Berlin.

Die Schweizer Kritikerin BEATRICE VON MATT betont vor allem Schneiders Darstellung des »unterdrückten Lebens«. Ihre Zweifel, welchem Genre der Roman zuzuordnen sei, markieren eine Frage, die sich durch viele späteren Aufsätze und Betrachtungen zu *Schlafes Bruder* zieht:

»Die Beschreibung dieses unterdrückten Lebens, das auf Schönheit und umfassenden Einklang angelegt war, ist Anklage gegen die Verstocktheit und Unbedarftheit eines Milieus, sie ist aber auch Anklage gegen einen Gott, der solche Künstler schafft und verkommen läßt, indem er ihnen weder Ausbildung noch ein förderliches menschliches Umfeld bietet. Ein ›Ungott‹ sei dieser Gott mit seiner fatalen Lust an der Ungerechtigkeit, ein satanischer Plan also die Schöpfung eines Genies, das nicht zeigen kann, daß es ein Genie ist.

Wohl werden die Eschberger für ihre Unterlassung bestraft. Föhnstürme und Feuersbrünste suchen das Dorf heim, bis der letzte Bewohner aus ›lebensmüdem Trotz‹ verhungert und die Natur den Weiler, diesen Unort, heimholt und überall die Esche aussät, ihren aggressiven Lieblingsbaum. Das war zu Beginn dieses Jahrhunderts.

Ein Jahrhundert zuvor war das monströse Unrecht geschehen. Weh für Weh heißt's von der Gebärenden: ›Die Seffin gellte vor Schmerzen.‹ Dann ist er da, der Sohn der Bäuerin und des Dorfpfarrers, des hochwürdigen Kurats Elias Benzer, der bald nach der Taufspendung zu Tode kommt und

welchem der Kleine gleichen wird, welchem er – in Schneiders dramatisch balladesker Sprache – ›wie aus der Form gestürzt ist‹. Der Knabe kommt nicht gern zur Welt, erst wie
die geschwätzige Hebamme ein Tedeum anstimmt, beginnt
der ›Klumpen Fleisch‹ zu leben.

Inmitten von ›Wasserköpfen, Mongoloiden und Inzüchti-
gen‹ wächst er auf, ausgestoßen, verdächtigt, hineingewor-
fen in seine umfassende Begabung, eine Art bäuerlicher Novalis, dem sich das Universum als Klang offenbart. Nicht
ätherisch luftverwandt wie beim frühromantischen Dichter
ist Elias' kosmische Erfahrung, sondern ganz konkret sinn-
lich wird er von ihr überfallen. Seine Körpersäfte werden
ihm hörbar und nehmen die Geräusche der Bäche auf, sein
Singen folgt den Flügelbewegungen der Zitronenfalter,
seine Kopfstimme lockt Wildtiere und Fledermäuse herbei,
deren Frequenz er trifft. Das Kirchlein macht er durch sein
Orgelspiel zur Kathedrale, Klangwetter, Klangmeere,
Klangwüsten breiten sich aus mit dem Eschberger Gaden
als Zentrum.

Die Welt teilt sich Elias seelisch und körperlich mit in herr-
lichen Synästhesien. So auch das ›Herzschlagen Elsbeths, eines ungeborenen Kindes‹, zu dem er im Alter von fünf Jahren in Liebe entbrennt. Weil die ›Liebe unlebbar‹ ist, will er
sterben, indem er sich selber des Schlafes beraubt. Nicht
zuletzt aber erstickt er an der gleichsam sprachlosen Über-
macht seiner Kunst, die er nicht umsetzen, nicht verwirk-
lichen kann. Er kennt die Notenschrift nicht ...

Dieses Buch ist halb Sage, halb Heiligen- und Märtyrerle-
gende, aber auch Künstler- und Dorfroman: die verschiedensten Muster, die die Weltliteratur bereithält, werden
eingearbeitet. Tod, Liebe, Kunst erstrahlen als Apotheosen,
vor denen das Alltägliche verdorrt. Der Außergewöhnliche,
der elitäre Einzelne darf ein ungebrochenes Faszinosum
sein. Dem entspricht der neuexpressionistische Sprachge-
stus, auch wenn er oft gefährlich überanstrengt wird. Verführerisch und von flackernder Attraktivität sind Schneiders

V. Rezensionen

Absolutsetzungen in diesem hinterwäldlerischen Arkadien von schwärzestem Ansehen.

Der bei allem Pathos durchgehaltene Kunstcharakter, die Distanz und die ironischen Lichter machen aus dem irritierenden Unterfangen eine ernstzunehmende Sache. Die Emporstilisierung des Helden und die absurd surrealen Erfindungen mögen an die Erzählstrategie in Patrick Süskinds *Parfum* erinnern. Robert Schneider aber hat Süskind voraus, daß in seinem – archaisierten – Milieu alles stimmt, während Süskind sein Monstrum mit Staffagen aus dem Geschichtsunterricht umstellt.

Was die unverhohlene Kritik an ländlicher Rückständigkeit betrifft, so schließt Schneider trotz einer anderen Stilgebärde an die Romane seiner Landsleute Franz Innerhofer und Josef Winkler an, unter den Schweizern an jene von Marcel Konrad und Flavio Steinmann. Alle diese Autoren verraten gerade durch die versessene Genauigkeit in den geschwärzten Details ein ebenso fatales wie künstlerisch ergiebiges Gebundensein an ihre Welt.«

Beatrice von Matt: Föhnstürme und Klangwetter.
In: Neue Zürcher Zeitung. 20. 10. 1992. – © Beatrice von Matt, Dübendorf (Schweiz).

Auch das Nachrichtenmagazin *Der Spiegel* ließ es sich nicht nehmen, *Schlafes Bruder* ausführlich zu würdigen. MARTIN DOERRYS häufig zitierte Besprechung prophezeit – zu Recht, wie sich zeigte –, der Roman werde »wie eine Droge« wirken. Als einer der ersten reflektiert Doerry auch die Erfolgsursachen des Buches, dem er einen »ultimativen Kick« attestiert:

»Ob Schneider seinen Roman nach bewährten Erfolgsrezepten gestrickt hat – diese Frage soll er sich selbst beantworten. Jedenfalls mag das Publikum spannende Romane in historischem Kostüm. Süskinds *Parfum* etwa wagt diesen Sprung in die Vergangenheit. Ransmayrs *Letzte Welt* ebenso.

Die Zeitmaschine hält den literarischen Markt in Schwung, sie reißt die Leser mit – um sie am Ende aber ratlos auszuspucken.

Denn was will Schneider überhaupt erzählen? Will er wirklich eine romantische Hymne auf die ewige Liebe singen? Seine Botschaft klingt seltsam genug: Tote können nicht lieben, also mag Elias auch nicht schlafen, denn der Tod ist des *Schlafes Bruder*; schließlich vertreibt er sich den Schlaf mit Tollkirschen, um dabei qualvoll zu krepieren – ist das ein Thema, auf das die Leser in diesem Herbst gewartet haben? Nein, kein Thema, aber eine Attitüde. Indem Schneider sich so furios in seine Bilderwelt versteigt und seinen Helden vergöttert, befriedigt er das allgemeine Bedürfnis nach dem ultimativen Kick. Alles ist maßlos: Johannes Elias Alder, sein Genie, seine Liebe zu Elsbeth, zur Natur und Musik. Nur eine so geniale Phantasiegestalt löst offenbar noch die Hoffnung vieler Leser auf das besondere, das einzigartige Leben ein.

Robert Schneider bedient sein vom Alltag ermüdetes Publikum mit perfekter Illusion. Er verschafft ihm einen wilden Traum von außerordentlicher Schönheit, eine Geschichte voll von phantastischen Begebenheiten. Am Ende jedoch folgt ein böses Erwachen. Nichts hat Bestand. Erkenntnis stellt sich nicht ein. Schneiders Leser fallen in ihre Alltäglichkeit zurück.

Dieser Roman wird wie eine Droge wirken. Der Entzug ist bitter, groß aber auch der Bedarf nach neuem Stoff aus derselben Feder.«

> Martin Doerry: Ein Splittern von Knochen. In: Der Spiegel. 23. 11. 1992. – © Martin Doerry, Hamburg.

Das Presseecho auf den Roman ist, vor allem in den ›meinungsbildenden‹ Organen, meist positiv, bisweilen gar euphorisch. Die seltenen kritischen Stimmen erscheinen an entlegenen Orten und zudem oft mit zeitlicher Verzöge-

V. Rezensionen

rung. In der *Mittelbayerischen Zeitung* sieht der Germanist FRANZ LOQUAI die »Schmerzgrenzen des Erträglichen« überschritten:

»Von 21 Verlagen hat er Absagen bekommen und sich in Geduld üben müssen, bis der Leipziger Reclam Verlag zugegriffen und das Schnäppchen der Saison gemacht hat. Mittlerweile hat sich Robert Schneiders Erstling *Schlafes Bruder* vom Geheimtip zum Bestseller gemausert, weniger durch Rezensentengetrommel als durch Mundpropaganda begeisterter Leser. Da sage noch einer, gute Bücher gingen unter; nichts geht verloren, es ist alles nur eine Frage des langen Atems.

Verdient ist Schneiders Erfolg ohne Zweifel. Sein Roman erzählt eine im Grunde einfache Geschichte: Die des Musikers Johannes Elias Alder, der sich mit 22 Jahren via Schlafverzicht aus der Welt verabschiedet, in der er nie heimisch werden konnte. Ein Außenseiterschicksal also, angesiedelt in einer dumpfen, sprachlosen Gegend (die als kaum verschlüsseltes Vorarlberg zu erkennen ist), in der die genialischen Anlagen Alders zwangsläufig brach liegen müssen, eine Gegend, die sein Leben zum Scheitern verurteilt.

Robert Schneider erzählt diesen Lebenslauf ›wie ein großes, trauriges Märchen‹ – tatsächlich erinnert Alder in manchem an Wackenroders Berglinger, aber auch an Thomas Manns Leverkühn – und macht daraus einen paradigmatischen Roman über ›einen zeitlebens ungeborenen‹ Künstler, dessen tragisches Schicksal zum Mißtrauensvotum gegen Gott wird. Der Bruder des Schlafes ist für Alder der einzige Weg, Ruhe zu finden.

Schneider greift zu einer raffiniert antiquierten Sprache mit geradezu altfränkisch gedrechselten Sätzen. So breitet er ein Gespinst aus, in das der Leser gelockt werden soll. Tiefe Ironien stecken in den Leseranreden und in den Reflexionen des Erzählvorganges. Ein allgewaltiges Gelächter meint man aus den Zeilen herauszuhören, auch da wo – wie im

Crescendo des ›Hörwunders‹ – die Schmerzgrenzen des Erträglichen überschritten werden.

Und dennoch geht der Leser Schneider bereitwillig ins Netz, weil die Geschichte mit einer Menge durchschaubarer Taschenspielertricks erzählt wird. Dieses spielerische Moment (von hier aus ließe sich der Roman mühelos der postmodernen Schublade zuschlagen) hat jedoch zur Folge, daß *Schlafes Bruder* etwas sehr Künstliches anhaftet. Man weiß, hier riskiert einer Kopf und Kragen fürs Leben und die Musik, doch von Beginn an im Sinne der Simulation bei herabgemindertem Risiko.

Schneider führt seine Geschichte immer wieder als durchkomponierte Fiction vor. Als wär's ein Stück, das nach strenger Partitur heruntergespielt wird, wozu der Dirigent kräftig mit dem Taktstock fuchtelt ... Diese Meta-Ebene macht den Text konsumierbar – jawohl, ein Kunstgenuß, als ob's um Gaumenfreuden ginge – und hat sicherlich etwas mit dem großen Erfolg des Buches zu tun.

Bleibt abzuwarten, ob der faszinierende Eindruck über ein flüchtiges Lese-Erlebnis hinaus im Gedächtnis des Lesers haften bleibt. Ich fürchte ein wenig, daß von dem Text auf Dauer keine Verstörung ausgehen könnte, nach dem Motto: Schnell gelesen, hochgejubelt, abgehakt. Mit einem solchen Schicksal müssen Bücher immer rechnen. Doch ist dies einem Autor nicht zu wünschen, der sich gerade mit erstaunlicher Beharrlichkeit aus einer sprachlosen Gegend hinausgeschrieben hat in die große Welt der Literatur. Warten wir's ab, ob Schneider kühlen Kopf bewahren wird.«

Franz Loquai: Der Geheimtip als Bestseller. In: Mittelbayerische Zeitung. Beilage »Das neue Buch«. 5. 5. 1993. – © Franz Loquai, Unterthingau.

Noch schärfer geht die in Potsdam erscheinende *Märkische Allgemeine* mit *Schlafes Bruder* ins Gericht. SIEGLINDE GEISEL attestiert ihm »gefährliche Nähe zum serienfähigen Kunstgewerbe«:

V. Rezensionen   59

»Robert Schneiders Erstling ist verführerisch in seiner Perfektion. Mit der Erzählperspektive eines altertümlichen Pluralis Majestatis etwa leistet sich der Autor einen raffinierten Kunstgriff. Gewissenhaft und mit unterkühlter Präzision wird die Sinnlosigkeit dieses Lebens aufgezeichnet und der Nachwelt überliefert, die eigentlich ein Recht gehabt hätte auf die Musik Elias Alders. Schwer zu sagen, was man nach der Nacht vermißt, in der man diesen Roman in einem Zug verschlungen hat. Geblendet vom brillanten Arrangement, betäubt von der archaisierenden Sprache, bleibt einem doch nichts übrig.
Robert Schneider entführt uns in eine gestylte, schönböse Märchenwelt, in der alles aufgeht, ohne Rest. Popart! Dieser Roman befindet sich in gefährlicher Nähe zum serienfähigen Kunstgewerbe.«

> Sieglinde Geisel: Gottes Schattenspiel. In: Märkische Allgemeine. Wochenmagazin »Die Märkische«. 24. 12. 1992. – © Sieglinde Geisel, Berlin.

Starke Beachtung fand der scharfe Essay, den IRIS RADISCH, Literaturredakteurin der *Zeit*, publizierte. Sie sieht *Schlafes Bruder* als repräsentativen Text eines zeitgenössischen Trends, der die »Flucht ins Biedermeier« antrete und von »plattfüßiger Anspruchslosigkeit« sei:

»Einen Literaturstreit kann man das nicht nennen. Kaum eine Debatte. Ein paar nicht mehr ganz junge Männer verbreiten im *Spiegel*, auf der Buchmesse und in *Tempo* ihre Ansichten über eine bessere, neuere, modernere Literatur. Maxim Biller, Rainald Goetz, Matthias Altenburg – der kleine Trupp wächst langsam, aber zuverlässig. Sie wollen das Echte, das Reale, das Richtige, ausgerechnet in der Literatur (und meinen wenig überraschend die eigene), sie richten die schlechte (und meinen die der Kollegen).
Die Aufregung legt sich augenblicklich, mißt man die großen Worte der Biller und Altenburg an ihren Werken.

Trotzdem ist der Furor, mit dem in den jugendbewegten Feuilletons das staubigste und älteste Literaturkonzept der Nachkriegsära, das des biederen Realismus, als das neueste und beste ausgegeben wird, einigermaßen verblüffend. Die jungen Autoren beziehen ihre Argumente aus der Klamottenkiste der Literaturgeschichte. Verglichen mit ihren Reden von einer ›normalen‹ Literatur, die das ›Menschliche anzurühren versteht‹ und dem ›epochenadäquaten Drive‹ immer hart auf der Spur ist, nehmen sich die literaturkritischen Überzeugungen Marcel Reich-Ranickis avantgardistisch aus. Der Haß der jungen Autoren auf komplizierte literarische Formen, ihre stramme Häme gegen die ›ungangbaren Ausflüge in die unwichtigen Seelenqualen unwichtiger Wohlstandsgesellschafts-Autoren‹ klingen prachtvoll jung, dröhnen völkisch empfindsam. Normale Literatur für normale Menschen. Und der normale Mensch will, daß ›es knallt‹. Was soll er sonst wollen. Darum ist Literatur, wenn es ›knallt‹, schrieb Rainald Goetz neulich im *Spiegel*. Und das heißt: Literatur ist, wenn es keine ist. Die radikale realistische Literatur braucht kein Werk. Das Werk stört den Realismus, stellt sich ganz unnötig zwischen Autor und Leser. Weshalb Jürg Laederach einen ›Literatur-Umgehungspreis‹ für junge Neorealisten stiftet.

Das ist alles nicht weiter der Rede wert und doch ein Zeichen. Denn was hinter dem Geschrei nach Normalität und epochenadäquatem Drive steckt, ist das Verlangen nach einer neuen literarischen Autorität. Die alte ist hin, seit langem und mit gutem Grund. Die Freiheit ist vielen zu beschwerlich.

Der ›Standort des Erzählers‹ ist in der modernen Literatur ein äußerst schwankender, unsicherer Ort. Der Autor ist ein freier Artist, ein fliegender Händler mit luftiger Ware. Seine Autorität muß er sich von Satz zu Satz erschreiben, gratis ist sie schon lange nicht mehr und im großen und ganzen für immer verloren. Aber die Ohnmacht des Schriftstellers und seines antiautoritären Werks ist realistischer und vor

V. Rezensionen

allem zeitgemäßer als der Drive, der Leben und Schreiben
angeblich zusammenhält. Bodo Kirchhoff beschreibt seine
›hoffnungslos aufgeklärte‹ Lage als selbstentmachteter Autor. Es geht ihm gut. Er trinkt italienischen Weißwein,
atmet deutsche Luft. Ganz wie sein Leser. Was soll man
davon erzählen?
›Wenn ich nicht schweigen will oder nur von den Schwierigkeiten des Schreibens erzählen will‹, schreibt er, ›muß ich
ausziehen und Gleichnisse auf mein Leben erfinden.‹ Bodo
Kirchhoff entkommt der bundesdeutschen Erfahrungsar-
mut bekanntlich durch Fernreisen. Doch der fernreisende
Schriftsteller (dessen Helden in den meisten Fällen fernreisende Schriftsteller sind – in diesem Herbst Hanns-Josef
Ortheil und sein Held in *Abschied von den Kriegsteilneh-
mern*) ist eine strapazierte literarische Figur. Auf der emp-
findsamen Auslandsreise in noch unbeschriebenes Terrain
ist des Deutschen ›Sehnsucht nach Authentizität‹, von der
Kirchhoff berichtet, seit Goethe am richtigen Ort. Aber der
technische Kniff, dem Helden per Lufthansa zu Erfahrung
und Kontur zu verhelfen, löst das Problem nicht, das einfach darin besteht, daß viele Autoren den Autoritäts-
schwund der Literatur nicht als Chance, sondern als Last
erfahren.
Sie entkommen der ungeliebten Freiheit grob gesagt in zwei
Richtungen. Entweder in ein stolzes Abseits des Hermetismus und der Schönschreibkunst oder in ein literarisches
Biedermeier.
Der Hermetismus ist die edle Variante dieser Flucht vor der
Freiheit. Thomas Hettche beispielsweise, der von den neorealistischen Jungautoren besonders hart attackiert wurde,
vermeidet in seinem feingesponnenen Wortnetzwerk *Inku-
bation* jedes Risiko. Wie ein alter Routinier spult der junge
Autor in seinem welt- und absatzarmen Text ohne Qual
und ohne Leidenschaft die Bedingungen der Möglichkeit
seines Erzählens herunter, bezieht alles auf alles, rechnet
mit nichts, das Erzählen hat sich verselbständigt. Von der

Selbstironie, der Widerständigkeit und dem Pathos der Erzähl->Versuche< Peter Handkes ist das kleine Werk weit entfernt. Ein leerratternder Erzähl-Automat. Auch in Thomas Hürlimanns Erzählungen *Die Satellitenstadt* verschwindet das Erzählte hinter einer kapriziösen Stilübung des Autors. >Mein Leiden äußert sich nicht glaubhaft, leider.< Kirchhoff sagt, wie es ist. Und es ist schwer, überhaupt etwas glaubhaft zu äußern. Egal, was. Formale Exerzitien helfen nicht weiter, leider.

Bleibt die Flucht ins Biedermeier. Etablierte Schriftsteller wie Jurek Becker und Peter Schneider, aber auch Debütanten wie Robert Schneider und Matthias Altenburg versuchen sich in einem neorealistischen Erzählen, von dessen plattfüßiger Anspruchslosigkeit der >Werkkreis Literatur der Arbeitswelt< geträumt hat. Der Preis für die Restauration dieses simplen Realismus ist die Reduktion der erzählten Welt auf ein engumrissenes Planquadrat, in dem alle Figuren zu >Typen<, >Stellvertretern<, knarzigen Gesellen und groben Schattenrissen werden.

Für das gefeierte Debüt des jungen Österreichers Robert Schneider *Schlafes Bruder* gilt dieser Vorwurf genauso wie für das erste Buch des Frankfurter Journalisten Matthias Altenburg *Unter Menschenfressern*. Altenburgs Buch ist ein Kolportageroman, geschrieben im Geist der fünfziger Jahre, dessen Herkunft aus den Neunzigern sich einzig an einer gewissen pornographischen Schwermut erkennen läßt. Weil Altenburg das Leben lebensecht beschreiben will, brüllen sich seine Helden auf einem Dorf bei Kassel >ihre Brunst in die Ohren<, >verputzen allmorgendlich eine Pulle<, sind >scharf auf wehrloses Frischfleisch<, warten darauf, daß sie >einer ordentlich rannimmt<. Wenn das Leben aus ist, legen sich die Kerle >noch einmal auf ihre Frau, schwängern sie und sterben in der gleichen Nacht<. Aus der Beerdigung, >den düsteren Funérailles<, machen diese Partisanen des echten Lebens ein großes Fressen, >eine leuchtende Fête de la vie<. Sie verkehren im Kleingärtnerverein Großer Fuchs-

V. Rezensionen

tanz, in Mutter Henzes Waschküche und in Erwins Schnell-
imbiß. Sie heißen Mama Bonzo, Commandante Hundefik-
ker, Opa Porno, Gräfin Schlamp und Witwe Demewolf.
Das klingt ein wenig nach Kempowski und *Jim Knopf und
die wilde 13*, ist aber ganz anders. Während Kempowski
pingelig wie ein Uhrmacher die verlorene Welt des kleinen
Mannes wieder zusammenbastelt, gibt Altenburg sein hessi-
sches Entenhausen für das Leben aus. Die Schrecken und
Freuden des kleinen Mannes in den verhangenen fünfziger
Jahren sind nur ein leeres rhetorisches Idyll aus beinharten
Sprüchen und trostlos verruchten Geschichten.

Robert Schneider hat das Dorfidyll in seinem ersten Roman
Schlafes Bruder ins 19. Jahrhundert zurückversetzt. In einer
cleveren Mimikry an den Ton und den Stil der Zeit erzählt
er die traurige Geschichte vom genialen Außenseiter auf
dem finsteren Lande. Nach dem pseudoproletarischen Realismus Altenburgs herrscht hier der manierierte Realismus
des Dorfpoeten. Während den Burschen bei Altenburg
mannhaft der ›Ständer wippt‹, wird dem zarten Helden
Schneiders ›das Gliedchen stämmig‹. Beide wollen sprachlich möglichst nah und ›authentisch‹ eine historische Gegenwart lebendig werden lassen – und beide landen in den Ge-
schenk-Shops des weniger kunstvollen Kunstgewerbes.

Schneider entwirft ein vermeintlich archaisches Universum,
in dem die sogenannten natürlichen (bäuerlichen) Gefühle
noch Kraft und Bedeutung haben sollen. Der Held wird
vom ›Stein gerufen‹, ist einer Frau ›seit Ewigkeit vorbe-
stimmt‹ oder wird vom Herrgott ›hörend gemacht‹. Der
Autor scheut sich nicht, in seine gottesfürchtige Stimmen-
imitation kraftvolle Theorien über das ›Wesen des Genies‹
oder die ›Erlösung‹ des Menschen einzuflechten. Aber seine
historische Stilübung ist ein Trick und Schneider ein gerisse-
ner Spieler, der, weil er gescheit ist, natürlich nicht die
›wirkliche‹, sondern eine Art zweite ›Authentizität‹, eine
Unmittelbarkeit aus zweiter Hand, entwerfen will. Trotzdem ist sein Roman von den Werken der biederen Herr-

gottsschreiber, der Ganghofer, Waggerl, Wiechert und Anna Wimschneider, nur durch einen modernen Hang zu Liebeskatastrophen und Feuersbrünsten zu unterscheiden. Er ist, österreichisch gesagt, ein großartiger Schmarren.

Beide Debüts sind Beispiele einer neuen Heimatliteratur, die alle Merkmale der alten trägt: Genrebild, Idylle, Kolportage, Kitsch und falsche Ehrlichkeit. Ihre Autoren glauben sich am sicheren Ort, simulieren die Herrschaft über einen Stoff, der unter ihren Händen zum Abziehbild zusammenschrumpft. Im prallen Besitzerstolz der Heimat lassen sich keine Heimatromane schreiben. Auch stellen sich Natürlichkeit, Wahrhaftigkeit und Realitätsnähe nicht dadurch ein, daß man sie einfach voraussetzt.«

> Iris Radisch: Schlafes Brüder. Pamphlet wider die Natürlichkeit oder Warum die junge deutsche Literatur so brav ist. In: Die Zeit. 6. 11. 1992. – © Iris Radisch, Hamburg.

Zwei Wochen nach Erscheinen ihres »Pamphlets« nimmt IRIS RADISCH als Gast an der einflußreichen Fernsehrunde »Das Literarische Quartett« teil, deren ›Stammpersonal‹ aus MARCEL REICH-RANICKI, SIGRID LÖFFLER und HELLMUTH KARASEK besteht. Die Erörterung von *Schlafes Bruder* nimmt folgenden Verlauf:

»Reich-Ranicki: Natürlich ist unser Leben schwer, und auch das Leben dessen ist nicht ganz leicht, der den Roman von Robert Schneider gelesen hat, Robert Schneider, *Schlafes Bruder.* Kein Druckfehler, das ist der Titel dieses Buches. Ja, Sie sagen vielleicht kurz ...

Radisch: Robert Schneider ist ein Erstling, *Schlafes Bruder.* Robert Schneider, Jahrgang ’61, aus Bregenz, ein Österreicher. Diese Geschichte ist die Geschichte eines genialen Dorfjungen, spielt im Vorarlbergischen zu Beginn des 19. Jahrhunderts. Diesem Jungen ist, so wie es heißt, von

V. Rezensionen

Gott die Liebe der Musik gegeben worden, er hat ein Erweckungserlebnis, wo er das Universum plötzlich tönen hört; nach dem Erweckungserlebnis kann er Stimmen imitieren, kann er mit Tieren kommunizieren. Während dieses Erweckungserlebnisses hört er den Herzschlag der noch ungeborenen, ihm aber von Gott bestimmten Frau. Ja . . .

Reich-Ranicki: Wann spielt die Handlung?

Radisch: Habe ich schon gesagt. Diese Handlung spielt Anfang des 19. Jahrhunderts . . . Ich war aber noch nicht fertig, ich bemühe mich um Sachlichkeit. Diese Frau, die ihm also von Gott bestimmt ist, will nicht so, wie Gott will, schläft mit einem anderen. Der geniale Musiker wird furchtbar unglücklich, nichtsdestotrotz spielt er heimlich immer weiter Orgel, kann keine Note, ist aber in der Lage, Natur in Musik zu verwandeln, wie es heißt. Letzten Endes gewinnt er in einem furiosen Finale einen Wettbewerb in der nächstgrößten Landesstadt, ist also wie gesagt von Gott begnadet, die Orgel zu spielen, bringt sich dann aber aus Liebeskummer um, indem er einfach nicht mehr schläft.

Karasek: Sich vergiftet mit Opiat.

Radisch: Richtig, ja.

Karasek: Ja, ich finde, die Inhaltsangabe war sachlich, sie hat nur eine entscheidende Sache verschwiegen, nämlich die Hauptmotivation des Buchs. Und die haben Sie auch in Ihrer Rezension verschwiegen, Frau Radisch. Es geht nämlich um . . . es ist ein höchst satirischer, ironischer Roman über ein Genie, das keiner erkannt hat, nämlich . . .

Radisch: Gott hat ihn erkannt.

Karasek: Gott . . . Gott ist ein Verschwender, so wie er Eicheln und Kastanien über den Boden streut, so streut er wahrscheinlich auch Genies, und er hat die absurde Geschichte eines Genies geschrieben, von dem niemand wüßte, wenn der Erzähler sie nicht ausgegraben hat. So, und jetzt kommt das, was das Ironische dabei ist. Es ist nämlich ein böser Heimatroman darüber, wie eine bäuerliche Umwelt, die angeblich so heimelig und so traut und so schön ist, ein Talent systematisch verkrüppelt, zerstört, nicht zur Entfaltung kommen läßt, durch bösen Egoismus ruiniert. Und wenn man das Buch so liest, dann weiß man, daß das Wort Gott nur als eine Art ironische oder zynische Metapher in dem ganzen Buch vorkommt. Es ist ein sehr autobiographischer Roman übrigens, dies ist ein Musiker aus ländlicher Vorarlberger Gegend, und ich gebe zu, er hat dieses Buch sehr sympathisch geschrieben, aber es ist das Buch darüber: Wie lebt man als Mensch, der sich eigentlich für Kunst interessiert, in einer spießigen, dumpfen, alten, veralteten, eigentlich dem Verbrennen anheimzugebenden Welt? Das ist das Aufregende an dem Buch.

Löffler: Herr Karasek, wo haben Sie da bitte die Satire bemerkt? Von der ersten Zeile an herrscht in diesem Buch ein ganz hohes Pathos, ein Pathos der Genialität.

Radisch: Ja.

Löffler: Hier wird ein Geniebegriff aus der Romantik noch einmal hervorgezogen.

Reich-Ranicki: Schlimmerweise.

Löffler: ... und zwar eigens vorgeführt, um ihn hier noch einmal aufzublasen. Also, dieser, dieser Musiker ist ja ein Genie von, von ungefähr mozartschen Ausmaßen. Und der Geniebegriff wird also überhaupt in keiner Sekunde ironisiert.

Karasek: Die Satire besteht doch darin, daß man sagt, es hat niemand bemerkt, daß er das Genie ist. Gott hat ihm das große Talent gegeben.

Radisch: Ja, schauen Sie, das ist so satirisch wie diese Behauptung, wenn man sagt, ein Buch, ein Baby, das mit zwei Tagen gestorben ist, wäre, wenn es groß geworden ist, größer als Michelangelo geworden. So ungefähr ist das.

V. Rezensionen

Reich-Ranicki: Das stimmt nicht. In dem Roman wird erzählt, wie er Orgel gespielt hat in der Kirche, wie alle hingerissen waren, die Leute, vor Begeisterung. Also, so ist es nicht. Es werden sogar seine musikalischen Arbeiten beschrieben, ein wenig; ob gut oder nicht, ist eine andere Frage.

Radisch: Die Leute werden alle besser, heißt es sogar. Wenn sie aus seinen Konzerten kommen, sind sie alle moralisch geläutert.

Reich-Ranicki: Also, ihr redet alle über ein Buch und habt nicht mit einem Wort erwähnt, wie denn das eigentlich geschrieben ist.

Karasek: In einer manieristischen Sprache, in einer manieristischen Sprache, die gemischt ist aus einer sehr alten Sprache und einer sehr modernen Sprache. Es sind sehr moderne Einsprengsel.

Reich-Ranicki: Wie ist das, ist das sprachlich gut, sprachlich schlecht?

Radisch: Manieriert, künstlich.

Karasek: Manieriert heißt doch noch nicht schlecht. Manieriert, aber gut.

Reich-Ranicki: Ja.

Löffler: Ja also, ich halte das ganze für Kunsthandwerk. Ich glaube, es ist aus einem sehr raffinierten Kalkül heraus bedacht, es ist in einen ganz bestimmten Markt hineingeschrieben.

Radisch: Es geht auch auf.

Löffler: Ohne jede Notwendigkeit.

Karasek: Aber das ist ja der romantische Künstlerbegriff des 19. Jahrhunderts, wenn man auf einmal jemandem vorwirft, er kann genau kalkulieren, er ist raffiniert, und er kann berechnen. Was ist daran schlecht?

68 V. Rezensionen

Löffler: Nein, Entschuldigung. Es steht überhaupt keine persönliche Bedrängnis dahinter, die ich zum Beispiel dem Christoph Geiser zubilligen würde. Das hat eine gewisse Plausibilität, es ist zwingend. Dieser Roman ist überhaupt zwingend.

Reich-Ranicki: Wer ist zwingend?

Löffler: Der Christoph Geiser. Ich glaube, er hat eine Obsession, mit der er umgehen muß. Dieses Buch, ich sehe überhaupt nichts Zwingendes dahinter. Für mich steht das in einer Ebene mit Süskind, *Das Parfum. Das Parfum* ist ein Buch über ein Geruchsmonster, und das ist ein Buch über ein Gehörmonster.

Reich-Ranicki: Jaja, gut. Diese Parallele liegt nahe, und der Süskind ist mit Sicherheit besser als dieser . . .

Karasek: Das weiß ich nicht mit Sicherheit.

Löffler: Also, ich würde sagen, daß diese ungefähr auf einer Schiene liegen.

Reich-Ranicki: Hier ist eine ganz entscheidende Sache gesagt worden. Sie haben völlig zu Recht gesagt: Warum eigentlich hat er das geschrieben? Und Sie sagen, es ist autobiographisch. Im Klappentext steht, daß er Musik studiert hat. Ich weiß nicht, ob das so autobiographisch ist. Ich habe den Eindruck, den ich nicht habe bei den Büchern, auch der beiden Frauen, und schon gar nicht bei dem Buch von dem Geiser. Bei dem Geiser weiß man, da hat ein Thema einen Autor gepackt, bei ihm ist es umgekehrt. Da ist ein Autor, der schreiben kann. Ich bin völlig überzeugt, daß er schreiben kann, dieser Robert Schneider. Das ist eine große Schreibbegabung, aber er hat noch nicht gewußt, was er schreiben soll. Er hat ein Thema gesucht und hat sich so ein Thema erfunden. Ich weiß nicht, irgend jemand hat geschrieben, das sei Biedermeier. Wer war das, ich weiß nicht, wer?

Radisch: Hier, ich.

V. Rezensionen 69

Reich-Ranicki: Sie, ah, da haben wir's. Sie waren das. Gut, kann man schreiben. Ich würde sagen, Romantik und nicht Biedermeier. Es ist in viel höherem Maße ein romantisches Buch.

Radisch: Dieses Spitzengeklöppelte. Er hat ja nicht den großen Wurf, sondern er versucht, sehr kleinlich diese Sprache nachzumachen.

Löffler: Ja, aber der Geniebegriff ist ein romantischer. Aber der Geniebegriff ist ein romantischer Geniebegriff. Ja, auch. Ja, das Thema ist romantisch.

Reich-Ranicki: Ich glaube jetzt folgendes ...

Karasek: Er ist ein romantischer Geniebegriff, weil ihr dauernd einem Autor unterstellt, er muß gepackt sein von seinem Thema.

Reich-Ranicki: Nein, er muß gar nicht gepackt sein.

Radisch: Nur die Stilübung, das reicht ja auch nicht.

Reich-Ranicki: Und das ist eine Stilübung. Hier habe ich den Eindruck, ein Mann mit großer Begabung hat sich an den Schreibtisch gesetzt und hat überlegt, worüber schreib' ich 'nen Roman. Und vielleicht wird was mit dem Mann passieren, in Zukunft, ich weiß nicht was. Und ein Thema wird ihn finden, und dann wird dieser Mann, und bitte erinnert Euch daran, daß ich das hier und heute gesagt habe ... er wird dann einen wirklich guten Roman schreiben, denn er ist begabt, und er hat Hochinteressantes zu sagen. Auch in diesem Buch gibt es Abschnitte, die ...

Karasek: Ich denke, daß dieser Roman schon mehr als begabt ist, und sicher der begabteste von allen Büchern, die wir heute vorgestellt haben.

Radisch: Was? Ich fall' vom Sessel.

Löffler: Herr Karasek, da sind Sie ihm aber auf den Leim gegangen.

Karasek: Nein, überhaupt nicht.

Reich-Ranicki: Also, wir wollen nicht streiten.

Löffler: Doch.

Reich-Ranicki: Nein, nein, wir können nicht, die Zeit, sed fugit internea, flieht inzwischen die Zeit. Also, so einfach ist das nicht. Vielleicht brauchen wir uns nicht zu einigen. Daß hier eine Nähe ist, ich will nicht sagen: Kunstgewerbe ... Kunsthandwerk, hab' ich gesagt. Aber etwas in diese Richtung geht das Buch schon.

Radisch: Stilübung, es ist eine Stilübung.

Reich-Ranicki: Ja, ein großartiges, ein feines Wort. Ein großes Übungsstück. Großartig. Aber er kann schon was, schon jetzt, und wenn er nach diesem ersten noch einen zweiten schreibt ... Wer weiß, vielleicht wird er uns noch einen tollen Roman liefern. Es ist vor allem eine Kenntnis, gucken Sie mal, was er an Stimmungen erzeugen kann, wie er die beschreibt, wie er die Figur, wie er die Erotik, erst diese Geschichte. Dann die Geschichte mit dem Mädchen, das so betrogen wird, das sich ausziehen muß, diese Striptease-Szene.

Löffler: Das ist ja vielleicht eine Kitschszene.

Reich-Ranicki: Ja, das ist die Beleuchtung, die romantische Beleuchtung. Er hat den Mondenglanz wie bei Heine, der ist von oben, da wird alles von oben beleuchtet. Ja. Aber, nein, nein, geschrieben ist da manches schon sehr gut.

Radisch: Sie haben doch völlig vergessen, daß er noch dem Christuskindlein in der Kirche begegnet. Das ist nun wirklich der Höhepunkt des Kitsches in der Gegenwartsliteratur im Moment überhaupt.

Reich-Ranicki: Ja, darunter hab' ich auch gelitten, da haben Sie recht. Da sind wir uns einig. Ja, da sind wir uns einig. Ich glaube dennoch an diesen Autor. Wir wollen uns nicht wiederholen. Wir müssen bald Schluß machen ...«

Das Literarische Quartett (Marcel Reich-Ranicki,
Sigrid Löffler, Hellmuth Karasek, Iris Radisch):
Diskussion über *Schlafes Bruder* vom 19. 11. 1992.
– © Zweites Deutsches Fernsehen, Mainz.

V. Rezensionen

Parallel zu seinem sensationellen Verkaufserfolg mehrten sich Ende der neunziger Jahre im Feuilleton Stimmen, die *Schlafes Bruder* kritisch gegenüberstehen. Als im Januar 1998 Schneiders zweiter Roman *Die Luftgängerin* fast einhellig abgelehnt wurde, schlug dies auch auf *Schlafes Bruder* zurück. Auffälligerweise nahm sich kaum einer der Kritiker von *Schlafes Bruder* auch des zweiten Romans an. Nahezu alle Tages- und Wochenzeitungen bestellten andere Rezensenten.

VI. Wissenschaftliche Ansätze

Wie bei aktueller Literatur üblich, verstreicht Zeit, bis sich die Fachwissenschaft einzelner Texte annimmt. Die breite Resonanz, auf die *Schlafes Bruder* bei Kritik und Publikum stieß, brachte es mit sich, daß die Germanistik relativ frühzeitig begann, sich mit dem Roman zu befassen. Ein immer wieder aufgegriffener, zum Teil auch in den Rezensionen angelegter Ansatz kreist um die Frage, in welchen Traditionslinien *Schlafes Bruder* steht. KLAUS ZEYRINGER zum Beispiel beleuchtet die Beziehung zur Gattung der »Dorfgeschichte«:

»Die Geschichte des Musikers Johann Elias Alder, die Schneider im ersten Satz seines Romans als Thema anschlägt, umfaßt mit ihren Ausläufern das gesamte 19. Jahrhundert. Sie erzählt von jener Zeit, in der die literarische Gattung der Dorfgeschichte das höchste Ansehen und die breiteste Wirkung erreicht hatte, bevor sie im Nachmärz immer mehr in das triviale Genre des Heimatromans überging (sozusagen in ihrer ursprünglich engagierten Form, als Ort einer ›littérature engagée‹, ausgelöscht wurde wie bei Schneider der Ort der Handlung, das Dorf Eschberg).
In der ersten Hälfte des 19. Jahrhunderts entstand nicht nur im deutschen Sprachraum, sondern in den meisten Ländern Europas eine regionale und soziale Epik, die sich an der Darstellung dörflicher Lebensformen insbesondere im letzten Jahrzehnt des Vormärz entfaltete. Die Ursachen waren u. a. ›das Erwachen eines sozialen Bewußtseins unter den bürgerlichen Intellektuellen angesichts des europäischen Pauperismus‹[1], die langsam beginnende Veränderung der Lebensverhältnisse etwa durch Industrialisierung und Ablösung alter Obrigkeiten, das gesteigerte Interesse für die

---

[1] Uwe Baur: Dorfgeschichte. Zur Entstehung und gesellschaftlichen Funktion einer literarischen Gattung im Vormärz. München: Fink, 1978. S. 19.

VI. Wissenschaftliche Ansätze 73

Landwirtschaft und also für die Bauern vor allem seitens liberaler Nationalökonomen. Der Dorfgeschichte, einer ›Zeitprosa mittlerer Länge (10–170 Seiten) und einfacher, leicht überschaubarer Struktur‹[2], kam eine aufklärerische, pädagogische Funktion zu; sie zielte, zumindest im Vormärz, nicht nur auf literarische Information, es ging ihr vielmehr auch darum, das Volk durch Bildung auf den Weg zur Mündigkeit zu führen.

Schlafes Bruder verweist in einigen Zügen auf die Dorfgeschichte, geht aber in wesentlichen Aspekten einen anderen Weg: Hier wird der leise Ton einer alten Gattung aufgenommen und laut als Teil einer neuen Melodie angestimmt. Konstante Noten dabei sind das Interesse am Ländlichen, der auch im Sprachlichen, in Formen des Dialektes und der Umgangssprache teilweise umgesetzte realistische Anspruch, der Verweis auf eine Umbruchzeit, das Verhältnis von ›Ferne‹ und ›Nähe‹.

Robert Schneider könnte auf ein seit den siebziger Jahren deutliches und ab Mitte der achtziger Jahre verstärktes Interesse traditioneller Leserschichten für eine ›ursprüngliche‹, ländliche Lebensform und deren Geschichte(n) bauen (und dazu auf den Wunsch, anders als im ›Neuen Subjektivismus‹, der von großen Teilen des Publikums zunehmend als Genre-Nabelschau empfunden wurde, wieder in ›spannende Geschichten‹, in andere Zeiten, andere Welten versetzt zu werden). Nach dem nüchtern pessimistischen Realismus, der die Ausweglosigkeit des ›Bauern-KZ‹ (Franz Innerhofer, *Schöne Tage*, 1973) im ›Anti-Heimatroman‹ beschrieben hatte, wurde 1984 mit dem großen Verkaufserfolg von Anna Wimschneiders *Herbstmilch. Lebenserinnerungen einer Bäuerin* – wie *Schlafes Bruder* von Joseph Vilsmaier verfilmt (1988) – ein Leserbedürfnis nach versöhnlicher ausklingenden Geschichten ›von unten‹ in einfacher,

2 Ebd. S. 192.

VI. Wissenschaftliche Ansätze

teilweise anheimelnd poetischer Sprache manifest. Im selben Jahr 1984 erschien Maria Beigs *Rabenkrächzen. Eine Chronik aus Oberschwaben* schon in der 3. Auflage, und 1985 präsentierte der Salzburger Residenz-Verlag die immerhin von Peter Handke eingeleitete Autobiographie eines (außerhalb seiner engeren Heimat) vergessenen Dichters des 19. Jahrhunderts, der das damalige dörfliche Leben im Vorarlbergischen geschildert hatte: Franz Michael Felders *Aus meinem Leben* (geschrieben 1868/69).«

> Klaus Zeyringer: Felders Stiefbruder oder Der verkleidete Erzähler. Robert Schneiders Dorf-Geschichte. In: Rainer Moritz (Hrsg.): Über *Schlafes Bruder*. Materialien zu Robert Schneiders Roman. Leipzig: Reclam, 1996. S. 55–79. Hier: S. 59–61. – © Klaus Zeyringer, Angers (Frankreich).

Als Vorstudie zu seiner unveröffentlichten Magisterarbeit (*Die Konzeption des Genies in Robert Schneiders »Schlafes Bruder«*, Bonn 1996) untersucht MARK WERNER die Nähe zur Gattung »Legende« und resümiert:

»Im Anschluß an das zuvor Geäußerte ist festzuhalten, daß Elias' Vita nicht nur von Ähnlichkeiten mit Heiligenleben, sondern von stellenweise geradezu messianischen Zügen geprägt ist. Besonders auffällig ist hierbei die kurze ›Predigt‹, welche Elias Peter hält (118). Sie weist in Tonfall und Wortwahl offenkundige Entsprechungen mit Worten Jesu im Evangelium auf, so etwa Mt 25, 13 oder Mk 9, 42. Auch ist der Name von Elias' Ziehvater sicherlich nicht zufällig Josef. Überdies ist Peters letztliche Wandlung zum Guten, seine Erlösung vom Haß, direkt auf das Erleben von Elias' Tod zurückzuführen.

Doch vergleicht man die eingangs beschriebenen Definitionen und Ergebnisse zum Themenkomplex ›Legende‹ mit

VI. Wissenschaftliche Ansätze

den Details der Vita von Johannes Elias Alder, zeigt sich, daß es falsch wäre, *Schlafes Bruder* mit einer Heiligenlegende im strengeren Sinne gleich- oder parallelzusetzen. Ein Wunder an zentraler Stelle, eine außergewöhnliche Begabung in Verbindung mit geheimnisvollen körperlichen Veränderungen und außerdem die eindringliche, sogar sichtbare Gegenwart Gottes – all das reicht nicht für eine solche gattungsspezifische Einordnung aus. Zwar finden sich durchweg biblische Bezüge, Anklänge an Heiligenlegenden und Mirakelerzählungen, zwar nennt Elsbeth die Lebensgeschichte des Elias ein Märchen, eine konsequente Linie, der einen oder anderen Gattung entsprechend, ist jedoch nirgends zu finden – es bleibt bei einem ironischen Spiel mit Versatzstücken, einer Vermengung von Andeutungen, religiösen Topoi und hagiographischen Anspielungen. Die vielfach im Roman geschilderte Art der Heiligenverehrung und Religionsausübung konkretisiert und ironisiert das Gottesbild der Dorfbewohner, außerdem dienen die angeführten religiösen Fragmente einer Steigerung der sakralen Begleitmusik des Opus. Das Religiöse ist nur vordergründig, im Kern geht es um das Schicksal eines Menschen, der an seiner Umgebung zerbrechen *muß*.

Selbst die Bezeichnung ›Legenden-Parodie‹ wäre falsch, denn von den ironischen Momenten des Romans abgesehen, bleibt das grundsätzliche – und dem Inhalt sicherlich angemessene – Pathos unparodiert. Eher schränkt der Erzähler in kurzen Anmerkungen die phantastischen Momente ein, so schreibt er die Kindeserscheinung eventuell Elias' ›grell halluzinierende(m) Geist‹ (145) zu.

Eine Einordnung in eine spezielle Gattung wie die Legende oder eine ihr ähnliche Kategorie erübrigt sich also. *Schlafes Bruder* ist ein Roman, der mit Gott, seinen Heiligen und der Religion auf mal ironische, mal pathetische Weise spielt. In erster Linie ist es aber die Geschichte eines Musikers, der an der Beschränktheit seiner Umgebung und der Tragik seiner unerfüllten Liebe scheitert – was der Erzähler dem Leser bereits auf der ersten Seite des Buches verrät.«

> Mark Werner: *Schlafes Bruder* – eine Heiligenlegende? In: Rainer Moritz (Hrsg.): Über *Schlafes Bruder*. Materialien zu Robert Schneiders Roman. Leipzig: Reclam, 1996. S. 100–123. Hier: S. 122 f. – © Mark Werner, Köln.

Neben den musikalischen Momenten ist es vor allem das Motivgeflecht des Religiösen, das Aufmerksamkeit auf sich zieht, zumal dies in Gegenwartstexten jüngerer Autoren ein eher seltenes Phänomen darstellt. ULRICH KLINGMANN erläutert u. a. die unterschiedlichen religiösen Vorstellungen, die *Schlafes Bruder* ausbreitet:

»Der Erzähler unterscheidet Elias Alder aufgrund seines musikalischen Talents von der ›rohtappigen Bauernwelt‹ (94) und stellt ihn in die Reihe der Großen, die den ›Gang dieser Welt‹ bestimmt haben und bestimmen könnten. Fragen wir jedoch nach den von ihm angegebenen Gründen für das Scheitern der Hauptgestalt wie das der Eschberger, dann ist festzustellen, daß es sich, trotz großer Unterschiede, im Prinzip um die gleichen handelt. Sie liegen im traditionellen religiösen Diskurs begründet, den der Erzähler zur Deutung der dargestellten Schicksale ansetzt.

Die Bedeutung, welche dem religiösen Diskurs in *Schlafes Bruder* zukommt, ist dabei unterschiedlich. Am Beispiel der Hebamme sehen wir, daß sie zwar gläubig ist, aber daß ihr Glaube sich nicht entscheidend auf ihr Leben auswirkt. Das gleiche gilt für die Lamparter Burga.

Der Text unterscheidet auch in bezug auf die Gültigkeit der verschiedenen religiösen Vorstellungen und der von ihnen bezeichneten Wirklichkeit. Der Engel Burgas ist in diesem Sinne eine Vorstellung, die keinen wirklichen Sachverhalt bezeichnet, während der den Föhn antreibende Engel, der

VI. Wissenschaftliche Ansätze 77

in bezug auf das erste, von Peter Alder gezündete Feuer angeführt wird und der auch nur als symbolische Vorstellung zu begreifen ist, dem vom Erzähler beglaubigten Sinn nach letztlich auf reale Sachverhalte verweist. Hier heißt es: ›Denn er suchte den Geschlechtern von Eschberg zu bedeuten, daß Gott dort den Menschen nie gewollt hatte.‹ (76)

Der Gedanke, daß Gott die Menschen in Eschberg nie gewollt hatte, stellt eine subjektive Deutung dar, die im Roman mit dem Anspruch von Objektivität projiziert wird und den Willen Gottes im Horizont des Werkes als eine grundsätzliche Größe etabliert. Diese Vorstellung scheint dadurch legitimiert, daß sie als Einsicht der Bauern angeführt wird, die Gottes Willen ›begreifen‹. Dies geschieht beim Bericht über das dritte Feuer am Anfang des Werkes wie auch im Zusammenhang der Darstellung des ersten Feuers im mittleren Teil. Bei dem Bericht über das zweite Feuer am Ende des Werkes heißt es dagegen, die Menschen ›schienen begriffen zu haben‹, daß Gott sie dort ›niemals gewollt hatte‹. (202) Daß noch drei Familien in Eschberg zurückbleiben, wird ihrer ›unglaublichen Sturheit‹ zugeschrieben.

Wie wir am Beispiel der Ellensönin und der Lamparter Burga sehen konnten, ist religiöser Glaube für das Leben der Eschberger nicht in jedem Fall entscheidend. Die Sicht, daß die Dorfbewohner deshalb generell Gottes Willen begriffen hätten, glättet den gegebenen Sachverhalt, wie auch aus dem Kommentar zum ersten Feuer im mittleren Teil des Werkes zu ersehen ist, da aus ihm hervorgeht, mit welchem Unwillen die Eschberger sich dem religiösen Diskurs fügen.

Von den drei Stellen, die den Willen Gottes wörtlich im Begreifen der Eschberger etablieren, trägt die, welche sich am Anfang des Romans auf das dritte Feuer bezieht, erzählerisch das meiste Gewicht. An prominenter Stelle verwirren sich dem Autor hier jedoch in bezug auf die wohl fiktionale Schematik der drei Feuer die Erzähldaten. Die Lamparter und Alder in Eschberg können nach dem dritten Feuer nicht begriffen haben, daß ›Gott dort den Menschen nie gewollt habe‹, da die nach dem zweiten Feuer in Eschberg verbliebenen ›dreizehn Menschen‹ (202), mit der Ausnahme von Cosmas Alder, in ihren Betten verbrannt sind.

Der Leser kann sich bei der Lektüre des Romans kaum des Eindrucks erwehren, daß die Einwohner von Eschberg mit dem Makel der immer wieder hervorgehobenen Sturheit geschlagen sind und deshalb an ihrem Untergang Schuld haben. Unter den gegebenen Bedingungen ist jedoch kaum zu erwarten, daß die Dorfbewohner sich anders verhalten sollten. Die Kirche, die für religiös-weltanschauliche Fragen in Eschberg zuständige Instanz, kann die vom Erzähler geforderte Einsicht in den Willen Gottes nicht vorhersehen, da diese eine auf der Grundlage religiöser Prämissen gebildete subjektive Deutung darstellt. Was so eindeutig projiziert wird, erweist sich deshalb bei genauerer Betrachtung als völlig ungesichert.«

> Ulrich Klingmann: Sprache und Sprachlosigkeit: Zur Deutung von Welt, Schicksal und Liebe in Robert Schneiders *Schlafes Bruder*. In: Hans-Jörg Knobloch / Helmut Koopmann (Hrsg.): Deutschsprachige Gegenwartsliteratur. Tübingen: Stauffenburg, 1997. S. 205–221. Hier: S. 212–214. – © Stauffenburg Verlag Brigitte Narr GmbH, Tübingen.

Die Geschichte des Erfolges lädt dazu ein, über dessen Hintergründe und Ursachen nachzudenken. JUTTA LANDA fühlt sich in ihrer Lektüre an »postmodernen *camp*« erinnert und sieht gerade darin den Durchbruch als »Breitband-Bestseller« begründet:

»Sucht man den Text nach Spuren einer kritischen Gegenwartshaltung ab, wie dies hier getan wurde, könnte man Robert Schneider als geistesverwandt mit den österreichischen ›Nestbeschmutzern‹ Peter Turrini, Werner Schwab

VI. Wissenschaftliche Ansätze   79

oder Elfriede Jelinek sehen, wenn nicht ein großer Unterschied in den literarischen Mitteln bestünde. Anders als bei diesen unverblümten Renegaten, fließt Kritik in *Schlafes Bruder* aus der schönfärbenden Feder eines Dorfschreibers, der nach vollendeter Aufzeichnung in einem Bescheidenheitstopos auf seine Unwichtigkeit hinweist: im Pluralis Majestatis blicken wir mit dem Chronisten ›aus unserer niedrigen Schreibstatt – klein wie ein Puppenhaus‹ (198). Die Dorfchronistenpose ermöglicht es, Zeitkritik bis zur Unkenntlichkeit zu ästhetisieren, und sozialpolitische Vorgänge anzudeuten, ohne je anzuecken. Sie bietet zusätzlich heimelige Identifikationsmöglichkeiten aus der Trivialliteratur an, etwa mit dem barfüßigen Genie und seinem Triumph, mit unendlicher Liebe und der Überschaubarkeit sozialer Verhältnisse [. . .]. Darüber hinaus verspricht die Chronistenpose, indem sie die Hagiographie des musikalischen *supermans* Elias schreibt, die Transzendenz des Regionalen durch das universale Spektakel der Kunst.

Interessant ist in diesem Zusammenhang Schneiders angeblicher Kommentar zur Verfilmung des Romans, daß es ihm nämlich egal sei, was mit seinem Roman passiere: ›Von mir aus macht Koteletts aus *Schlafes Bruder*‹. Diese so offen an den Tag gelegte Gleichgültigkeit gegenüber dem eigenen, preziösen Werk (das höchstens in seiner Blutrünstigkeit mit Koteletts etwas gemeinsam hat), verfestigt den Verdacht, der einen gelegentlich beim Lesen überkommt, daß es sich nämlich bei *Schlafes Bruder* um postmodernen *camp* handelt, um einen Fleckenteppich aus literarischen, stilistischen Konventionen, in dem Kitsch und Kunst, Kritik und Affirmation nach Belieben verarbeitet sind. Indizien sind Passagen wie die folgende, die einen verkitschten Heimatstil aufs Korn nehmen: ›Wie gerne wollten wir davon erzählen, wie unser Held Abschied nimmt von seinem Vaterhaus, das nie wirklich sein Vaterhaus gewesen ist! Wie er zum letzten Mal Zwiesprache hält mit den Tieren der Emmer, mit Resi der Hirschkuh, Wunibald dem Dachs, Lips dem Rotfüchschen,

80   *VI. Wissenschaftliche Ansätze*

Sebald dem Iltis und mit dem einstelzigen Dompfaff!‹ (61)
Als postmoderne Parodie hält Schneiders Dorfgeschichte
auch noch das intellektuelle Vergnügen literarischer Spuren-
und Gagsuche bereit – kein Wunder, daß der Roman zum
Breitband-Bestseller wurde.«

> Jutta Landa: Robert Schneiders *Schlafes Bruder*:
> Dorfchronik aus Kalkül? In: Modern Austrian Li-
> teratur 29 (1996). H. 3/4. S. 157–168. Hier: S. 166 f.

Über die unterschwelligen Absichten des Romans reflektiert RAINER MORITZ und erkennt eine »Botschaft der
Emotion, des Anti-Intellekts«, die den heimlichen Sehn-
süchten der neunziger Jahre entspreche:

»Plakativ gesagt: *Schlafes Bruder* ist ungeachtet seiner parodistischen oder ironischen Untertöne ein Roman, der un-
verhohlen eine Botschaft der Emotion, des Anti-Intellekts
offeriert. Die entscheidenden Ereignisse des Romans ent-
ziehen sich rationaler Durchdringung. Das Hörwunder, die
Liebe zu Elsbeth – in diese Felder gelangen Vernunft und
Verstand nicht. Die zentrale Vokabel des Textes – von der
›Widmung‹ an vielfach wiederholt und leitmotivisch einge-
setzt – heißt ›Herz‹. Wie Elias anfänglich – im ›Rumor des
Universums‹ das ›weiche Herzschlagen eines ungeborenen
Kindes‹ (38) hört, so bleibt die Sprache des Herzens im
Ganzen Richtschnur. Das ›Wesen seines Herzens‹ ist ›gut‹
(53); das Herz des Erzählers ›überschlägt sich vor Freude‹
(67); die Liebe zwischen Elias und Elsbeth zeigt sich, so zumindest die männliche Einschätzung, im ›selben Rhythmus‹
(116) ihrer Herzen – ein Bild, das Elias nicht müde wird
heraufzubeschwören:
›Zum zweiten und letzten Mal in seinem Leben lag Elsbeths
Herz auf seinem Herzen, und Elsbeths Herzschlagen ging
in sein Herzschlagen über, so vollkommen und eins, wie er
es damals als Fünfjähriger im Bachbett der Emmer durchlebt hatte. Da brüllte Johannes Elias Alder wiederum so

VI. Wissenschaftliche Ansätze   81

entsetzlich auf, als müßte er bei hellem Verstand sterben. Und sein Wankelmut wurde Lügen gestraft, und die Hoffnung wurde übervoll in ihm, und er schrie in das tiefe Blau des Himmels, daß er ohne Elsbeth nicht mehr leben könne.‹ (140)

Die Beispiele ließen sich fast beliebig vermehren. *Geh, wohin dein Herz dich trägt*, der Erfolgstitel der Italienerin Susanna Tamaro taugt als Lebensmaxime für den Helden Robert Schneiders. Wie er als Musiker ohne Notenkenntnis Genialität aus sich selbst schöpft, so ist das ›Herz‹ die handlungsleitende Instanz, nicht Verstand oder Vernunft.

Es liegt auf der Hand: *Schlafes Bruder* appelliert insgeheim an eine Haltung, die mit der sich beschleunigenden Technisierung und mit den ›kalten‹ Strömungen des Rationalen nichts anzufangen weiß. Das liegt im Trend: Der Verweis auf Susanna Tamaro ist mehr als Zufall; die nichtliterarischen Stimmen, die sich gegen eine ›kalte‹ Fortschrittsseligkeit erheben, erhalten durch *Schlafes Bruder* Zuspruch. Ob Franz Alt oder Horst Eberhard Richter, ob New Age oder Esoterik – die Exempel sind Legion, und Robert Schneider läßt sich, wenn man will, mühelos in dieses Umfeld eingliedern. Ein Roman der hohen Gefühle, in Zeiten des Singledaseins, der Kontaktanzeigen und Partylines. Ein Roman, der ohne jede Einschränkung den großen Emotionen das Wort redet. Wo, wie es Umberto Eco in einer berühmt gewordenen Passage aus der *Nachschrift zum »Namen der Rose«* notierte, kaum noch jemand Liebesschwüre unverstellt äußern mag, trumpft *Schlafes Bruder* mit einem Bekenntnis zu ›Liebe‹ und ›Herz‹ auf. ›Wer liebt, schläft nicht‹ – die Eingangsformel des Romans erweist sich als anarchisches Prinzip, das das Vage und Unverbindliche über Bord wirft. Endlich, dürfte mancher Leser sich im stillen sagen, ein Buch, das alle fordert, das sich nicht mit ›Halb-Herzigem‹ begnügt. Daß der Roman kein glückliches Ende nimmt, ist für eine euphorisch sentimentale Rezeption kein Hindernis. Die schönsten Liebesgeschichten sehen so aus;

Robert James Wallers *Die Brücken am Fluß*, ebenfalls durch eine Verfilmung (mit Clint Eastwood und Meryl Streep) in den siebten Auflagenhimmel katapultiert, lebt wesentlich von der Melancholie des Nicht-Realisierten. Im irdischen Dasein kamen die beiden Protagonisten nicht zusammen; erst ihre Asche findet im Fluß zueinander.«

> Rainer Moritz: Nichts Halbherziges. *Schlafes Bruder*: das (Un-)Erklärliche eines Erfolges. In: R. M. (Hrsg.): Über *Schlafes Bruder*. Materialien zu Robert Schneiders Roman. Leipzig: Reclam, 1996. S. 11–29. Hier: S. 22–24. – © Rainer Moritz, Hamburg.

Neuere Literaturgeschichten fangen an, *Schlafes Bruder* in den Kontext der Literatur der achtziger und neunziger Jahre zu stellen. Erste Rezensionen hatten mehrfach auf Patrick Süskind und Christoph Ransmayr verwiesen; PETER J. BRENNER, der *Schlafes Bruder* zu den »neuen historischen Romanen« rechnet, gibt ein erstes Resümee:

»Daß der Trivial- und Kriminalroman so erfolgreich eine klassische Position der Literatur besetzen kann, kennzeichnet eine aktuelle Tendenz der Literaturentwicklung. Sie ist geprägt von einer langsamen Aufweichung sowohl der Gattungs- wie der traditionellen Stil- und Niveaugrenzen; eine Entwicklung, die gerne mit dem Begriff der ›Postmoderne‹ charakterisiert wurde. Auf der Grenzlinie zwischen Unterhaltungs- und Hochliteratur bewegen sich Romane von zuvor unbekannten Autoren, die enorme und unverhoffte Publikumserfolge erzielten. Am Beginn steht eine Übersetzung: Umberto Ecos Roman *Il nome della rosa*, der 1982 in deutscher Übersetzung erschien, bildet das Modell; es ist ein historischer Roman, der bedenkenlos Elemente der Trivialliteratur, insbesondere der Kriminalromantradition, aufgreift und sie mit historischen Wissensfragmenten versetzt. In Deutschland wird das erfolgreiche Vorbild schon nachge-

VI. Wissenschaftliche Ansätze 83

ahmt. Sten Nadolny legt mit seinem Roman *Die Entdeckung der Langsamkeit* von 1983 einen historischen Roman über den Entdecker John Franklin aus der Zeit um 1800 vor. Der Titel, der adäquat in Handlung umgesetzt wird, verrät das Reizpotential dieser Erzähltechnik. Die Besinnung auf die Geschichte, ihre Bezugsmöglichkeiten auf die Lebensformen der Gegenwart und ihre Umsetzung in eine konventionelle Erzähltechnik erweisen sich als Gegenbild zur Beschleunigung der Lebensformen und der Informationsüberflutung in der postindustriellen Gesellschaft. Der Österreicher Christoph Ransmayr hat mit seinem Roman *Die letzte Welt* – er erschien 1988 in Enzensbergers ›Anderer Bibliothek‹ als Erstausgabe – ebenfalls einen überraschenden Erfolg. In diesem Roman werden Geschichte, Literaturgeschichte und Gegenwart ununterscheidbar miteinander verschmolzen. Ovids *Metamorphosen* bilden das Muster und das Thema des Romans. Die Figuren der *Metamorphosen* werden lebendig und treten der Hauptfigur Cotta, der sich auf die Suche nach Ovid gemacht hatte, gegenüber. Dem Roman liegt, das allerdings ist eher untypisch, eine pessimistische Geschichtsphilosophie zu Grunde. Die historischen Abläufe führen von der Zivilisation in die Barbarei und schließlich in die völlige Erstarrung eiskalter Steinwüsten. 1995 bestätigt Ransmayr seinen Geschichtspessimismus in dem Roman *Morbus Kitahara* – die Geschichte über eine fiktive Nachkriegszeit, in der sich die KZ-Wirklichkeit mit umgekehrten Herrschaftsverhältnissen fortsetzt.

Eine nicht ganz so anspruchsvolle Variation dieser Erzählform hat Patrick Süskind 1985 mit seinem Welterfolg *Das Parfum* gegeben. Er treibt ein versiertes Spiel mit bekannten Gattungsmustern. Der Roman ist im Paris des 18. Jahrhunderts angesiedelt; er schildert die Geschichte eines – erfundenen – Massenmörders Jean-Baptiste Grenouille, dessen wahnhafte Suche nach der absoluten Schönheit, die er in einem absoluten Parfüm verewigen will, ihn zum Serien-

84   *VI. Wissenschaftliche Ansätze*

mörder werden läßt – die Anlehnung an E. T. A. Hoffmanns
Fräulein von Scuderi ist deutlich. Grenouilles Vorhaben, die
Schönheit in eine Parfümflasche zu gießen, gelingt und
bringt ihm den Tod: Er wird von einer Menschenmasse, der
er in seiner überirdischen Schönheit entgegentritt, ermordet
und kannibalisch verzehrt. Einem vergleichbaren Konzept
folgt der Österreicher Robert Schneider mit seinem Roman
Schlafes Bruder von 1992, der sofort nach seinem Erscheinen ein großer Publikumserfolg wurde; der Roman wurde
in über zwanzig Sprachen übersetzt und auch verfilmt. Wieder steht eine an die Romantik erinnernde Figur im Mittel-
punkt. Der Musiker Elias Alder bezahlt seine Genialität
mit körperlicher Deformation und wird zum Außenseiter
in seiner österreichischen Dorfgemeinde. Seine absolute
Liebe bleibt unerwidert und er beschließt, sich durch
Schlafentzug umzubringen. Der Roman scheut die Nähe zu
kitschiger Sentimentalität nicht, birgt aber genügend literarische Phantasie und Gestaltungskraft, gepaart mit einem
Moment von Gesellschaftskritik, um sich in der Reihe dieser neuen historischen Romane behaupten zu können. Die
Hinwendung zu fingierten oder authentischen historischen
Stoffen, die nach konventionellen, wenn auch manchmal
ironisch gebrochenen Erzählmustern dargeboten werden,
bleibt eines der charakteristischen Kennzeichen des Erfolgs-
romans der achtziger und neunziger Jahre. Tatsächlich läßt
sich wohl von einer Renaissance des ›historischen Romans‹
sprechen, dessen konventionelle Form Gisbert Haefs mit
seinen Antike-Romanen *Hannibal* und *Alexander* reprä-
sentiert. Der historische Roman behauptet sich zudem in
Übersetzungen auf dem deutschen Literaturmarkt; Noah
Gordons *Medicus*-Serie und Ken Folletts *Säulen der Erde*
erzielten dauerhafte Publikumserfolge.«

Peter J. Brenner: Neue deutsche Literaturgeschichte. Vom *Ackermann* zu Günter Grass. Tübingen: Niemeyer, 1996. S. 322–324. – © Max Niemeyer Verlag GmbH, Tübingen.

VII. Zur Verfilmung

Im Herbst 1995 lief in den Kinos Joseph Vilsmaiers Verfilmung von *Schlafes Bruder* an. Schneider erinnert sich so an den ersten Kontakt mit dem Regisseur:

»Es war im Frühjahr 1993, als ich eines Tages auf meinem Anrufbeantworter folgende Mitteilung vorfand: ›Lieber Robert Schneider, hier spricht der Joseph Vilsmaier, i bin der Reschissör von *Herbstmilch*, *Rama Dama* und *Stalingrad*. Ich möchat Ihr Buch verfilma . . .‹
Der mit starkem bayrischem Akzent sprach und dessen Filme ich bis dahin nicht kannte, der sollte in knapp eineinhalb Jahren mit einem Budget von 15 Millionen Mark meinen Roman *Schlafes Bruder* verfilmen. Joseph Vilsmaier, Filmemacher aus München, mit der Low-Budget-Produktion *Herbstmilch* zum Erfolgsregisseur geworden.
Viele rieten, ich solle die Finger davonlassen. Er werde mich über den Tisch ziehen, dieser Vilsmaier, mein Buch sei ohnedies nicht verfilmbar, und wenn überhaupt, dürfte es nur ein Amerikaner machen, ein Franzose, im höchsten Fall ein Italiener, niemals aber ein Deutscher, und der Vilsmaier erst recht nicht.
Der Vilsmaier. Ich rief ihn an. Wir trafen uns in München. Wir mochten uns sofort leiden.
›Dös is mei Büro. I hoab lauta Schuidn. Sitzn's nieda do.‹
Nach einer halben Stunde waren wir schon per Du. Er sprach von den goldenen Zeiten durch *Herbstmilch*, daß ihm damals alle eine Katastrophe prophezeit hätten. Das kam mir bekannt vor, hatten mir doch 23 Verlage prophezeit, mein Buch sei unverkäuflich. Es sei ihm wurscht, ob man ihn für einen Künstler halte oder nicht, er wolle um jeden Preis *Schlafes Bruder* verfilmen. Ich gab ihm meine Hand und verkaufte ihm die Filmrechte. Ich habe es bis heute nicht bereut. Als er mich zum Bahnhof brachte, sagte

86   VII. Zur Verfilmung

er, und das werde ich nie vergessen: ›Robertl‹ – so intim waren wir schon – ›i friss di mit Haut und Haar‹.«

> Robert Schneider: Weshalb ich mich verkauft habe. In: Joseph Vilsmaier: Schlafes Bruder. Der Film. Mit einem Vorwort von Robert Schneider. Leipzig: G. Kiepenheuer, 1995. S. 6–19. Hier: S. 8. – © 1995 Gustav Kiepenheuer Verlag GmbH, Leipzig.

Das Drehbuch wird von Schneider selbst geschrieben; insgesamt sechs Fassungen entstehen. Die fundamentalen Genreunterschiede zwischen »Drehbuch« und »Roman« lassen sich am Beispiel der zentralen Orgelfestszene illustrieren (s. im Roman S. 168 ff.):

»Szene 101	Das Orgelwunder
Ort (Innen)	Dom, Orgelempore
Tageszeit	Tag
Jahreszeit	Sommer
Personen	Elias, Peter, Feldberger Bürger, Cantor Goller, 1. und 2. kalkweißer Professor, 1. und 2. Kerl am Blasebalg, 1. und 2. Orgelschüler, Generalvikar, Elsbeth und ihr zweijähriges Kind, eine Feldbergerin, ein Feldberger

1.

Der Generalvikar öffnet wieder ein Zettelchen, stellt wiederum das schwere Choralbuch auf den Buchrücken, läßt die Hände von den Buchdeckeln los. Das Buch klappt auseinander, die Seiten fliegen. Er sieht ins Buch hinein, dann spricht er frei.

GENERALVIKAR: Candidatus Alder hat über den Choral ›Kömm, o Tod, du Schlafes Bruder‹ zu extemporieren! Als da sind: Eine Choralbearbeitung pedal- und manualiter in eins, ein Präludium und eine dreistimmige Fuga nach alter Setzweise! *Er blickt zur Empore hinauf.*

VII. Zur Verfilmung

2.
Elsbeths aufgewühlter Gesichtsausdruck bei den Worten des Generalvikars.

3.
Auf der Empore: Elias wirkt übernervös. Seine Hände zittern ihm fast.

ELIAS *flüsternd zu Goller:* Ich kenne die Melodie dieses Kirchenliedes nicht.

CANTOR GOLLER *ebenfalls sehr erregt:* Dann spiel Er irgendwas! Aber spiel Er jetzt!

4.
Elias setzt sich zögernd auf den Orgelbock. Peter geht mit ihm.

5.
Die Kerle an den Bälgen schneiden Grimassen. Sie ziehen die Bälge auf. Man hört die Luft in den Blasebalg strömen und sieht, wie die großen Lederbälge anschwellen.

1. KERL: Der will diese Orgel schlagen? Fällt ja vom Fleisch.

2. KERL: Aber stinken, das schon. Bis herüber. *Sie grinsen einander an.*

6.
Peter steht bei Elias am Spieltisch.

PETER *flüstert:* Du bist der Herr dieser Nacht. Wir werden aus geschliffenen Gläsern trinken.
Peter faßt sich ein einziges Mal wirklichen Mut, beugt sich zu Elias, küßt ihm sein Ohr und beißt ihm zart ins Ohrläppchen.

7.
Elias starrt auf das zweifache Manual. Dann holt er tief Luft, legt die Finger auf ein Manual und drückt die Tasten nieder.

8.
Noch ehe die Töne erklingen, wechselt die Kameraposition. Sie taucht in die ›Eingeweide‹ der Orgel und filmt in rasender Fahrt die komplizierte Strecke, die ein Ton zurücklegen muß,

88   VII. Zur Verfilmung

um überhaupt zu erklingen. Die Kamera schießt an den Zugru-
ten entlang, zeigt Winkel und Ventile bis hin zur Orgelpfeife. Es
ist also gewissermaßen der Luftstrom bildlich darzustellen.

9.

Die Menschen vernehmen einen langschwebenden Klang. Sie
sehen sich an, drehen ihre Köpfe zur Empore hinauf, werden
unruhig, räuspern sich.

10.

Der kalkweiße Professor sieht Cantor Goller mit verständnislo-
sem Gesicht an. Goller ermahnt ihn, Geduld zu haben.

11.

Elsbeth schließt die Augen.

12.

Der Klang wird breiter. Elias zieht einen Registerzug halb her-
aus. Dadurch entsteht der Eindruck, als seien die Pfeifen ver-
stimmt, weil die Luft nur halb in die Pfeifen dringt. Der Kom-
plex der Musik ist ein unheimlich gespenstisches Heulen. Die
Musik ändert ihre Richtung kaum. Sie ist wie der Anblick eines
riesigen, tief dahinschwebenden Vogels.

13.

Die Menschen im Kirchenschiff werden noch unruhiger. Einige
erheben sich und gehen aus ihren Bänken heraus, verlassen em-
pört den Dom.

DAME HÖHEREN STANDES: Das ist Gotteslästerung! *Sie fällt in*
Ohnmacht.

14.

Überall erschrockene Gesichter, Tuscheln und Raunen. Die bei-
den Orgelschüler platzen fast vor stillem Lachen.

15.

Elias' Antlitz: Er gewahrt die Unruhe unten im Schiff. Er
schließt die Augen und bemüht sich um Konzentration. Die Ka-
mera fährt auf seine Hände.

VII. Zur Verfilmung

16.
Der 1. Professor kann sich kaum mehr beherrschen.

1. PROFESSOR *flüsternd zu Goller:* Dafür werdet Ihr mir geradestehen! Das versprech ich Euch!

GOLLER *zischend:* Gemach, gemach! Laßt ihm doch Zeit!

17.
Da donnert die Orgel mit gewaltigem Fortissimolauf von der Tiefe der Tastatur in die Höhe.
Der 1. und 2. Professor erschrecken. Desgleichen bleibt den Orgelschülern das Lachen im Halse stecken.

18.
Im Kirchenschiff ist ein unerklärlicher Wind aufgekommen. Die Menschen blicken verstört in die Höhe und nach den geschlossenen Fenstern oder Portalen.

19.
Die Musik wird immer breiter und heftiger. Elias zieht die Register des Posaunen- und Trompetenchors hinzu. Eine schier unerträgliche Klangmasse wälzt sich über die Köpfe der Zuhörer hinweg. Peter beobachtet den Elias von der Seite und schließt jetzt die Augen.

20.
Da tauchen vor Elias' Augen plötzlich Bilder seiner Kindheit auf. Diese Sequenzen müssen in anderen Einstellungen bei der jeweiligen Episode mitgefilmt worden sein. Wir sehen die Geburt eines Säuglings. Die Hebamme hält das Kind an den Füßen mit dem Kopf nach unten und schlägt es, damit es endlich zu schreien beginnt.

21.
Die Taufe des Elias nochmals aus einer anderen Kameraposition. Das Kind in den Armen der Seffin fängt an zu lächeln.

22.
Elsbeth als Kind rennt mit Elias als Kind fröhlich über eine blühende Bergwiese.

90   VII. Zur Verfilmung

23.

Das Hörwunder. Dem Eliaskind rinnt Blut aus den Ohren.

24.

Elias und Elsbeth auf der Fahrt nach Feldberg; Elias küßt Elsbeth beinahe.

25.

Der Exodus des Dorfes nach dem Brand. Man sieht die Eschberger am Horizont im Schnee verschwinden.

26.

Elsbeth als Hure in Feldberg. Sie läßt sich vom 2. Bürger (Battlog) teilnahmslos küssen.

27.

Die beiden Kerle an den Blasebälgen haben ihre liebe Not, die Luft gleichmäßig zu erhalten. Sie schwitzen.

1. KERL: So viel Luft wie der verbraucht Gollern im ganzen Jahr nicht!

2. KERL: Rudolf, was ist das für eine Musik!?

28.

Eine junge Feldbergerin streckt plötzlich visionär ihre Arme in die Höhe. Ihr Partner bemüht sich, das Mädchen wieder zur Ruhe zu bringen.

EINE JUNGE FELDBERGERIN: Ich sehe den Himmel offen!! Den Himmel!!

29.

Der Wind im Dom wird ein Orkan und pustet mit einem Mal viele Kerzen aus. Die Leute haben Angst und werden totenstill.

30.

Da klingt das Fortissimo allmählich ab, und die Kamera filmt Elias' aschfahles Gesicht.

31.

Elsbeths Gesicht, das sich im Trance-Zustand befindet. Herzton wird hörbar und überlagert die Orgelmusik.

VII. Zur Verfilmung

32.

*Elias öffnet plötzlich die Augen und ahnt etwas. Sein Herzton
wird hörbar und überlagert ebenfalls die Musik.
Die Herztöne pendeln sich ein auf einen einzigen Herzton, der
bald verschwindet und von Elias' Orgelmusik überlagert wird.
Er kommt mit der Improvisation zu Ende, setzt die Hände vom
Manual ab und bleibt unbeweglich sitzen.*

33.

*Es herrscht Totenstille im gesamten Dom. Die Menschen kommen allmählich zu sich und erwachen aus einer Art Trance.
Plötzlich ertönt eine Männerstimme im Kirchenschiff.*

EINE MÄNNERSTIMME: Ein Wunder! Ein Wunder!

EINE ANDERE MÄNNERSTIMME *nach einer Weile:* Vivat! Vivat
Alder!

34.

*Dieser Ruf scheint die Menschen endgültig aus ihrer Apathie zu
erlösen und ihnen wieder das Gefühl der Realität zu geben. Die
Vivat-Rufe kommen erst zögerlich, werden aber dann immer
mehr. Es entsteht ein regelrechter Tumult. Schließlich gehen die
Menschen aus ihren Bänken heraus, wenden sich zur Orgelempore, jubeln, akklamieren und brüllen.*

FELDBERGER BÜRGER: Vivat Alder!!! Vivat!! Vi-vat!!

35.

Der 2. Professor steht benommen neben Goller.

2. PROFESSOR: Das ist nicht möglich, das ist ...

36.

Peter ist zu Elias hingetreten und führt ihn an die Brüstung, damit ihn die jubelnden Menschen sehen können.

37.

*Als Elias an der Brüstung erscheint, verstummen die Menschen
wie auf ein unsichtbares Zeichen.
Ein ›Ah!‹ und ein ›Oh!‹ geht durch den Kirchenraum. Einige
Frauen weinen. Kurz darauf aber brechen die Menschen erneut
mit ihrem Jubel hervor.*

92   VII. Zur Verfilmung

38.

*Der Generalvikar bemüht sich vergeblich, das Volk zur Ruhe
zu ermahnen.*

GENERALVIKAR: Hochlöbliches Publikum! Dies ist ein heiliger
Ort! Dies ist ein Ort des Gebets! Beruhigt euch! Ich flehe euch
an! *Zu seinem Adlatus:* Rasch! Öffne alle Portale! Für den Fall,
daß eine Trampelei entsteht! *Der Adlatus stolpert eilig ab.*

39.

ELSBETH *jubelnd:* Hoch lebe Elias Alder! Hoch!

40.

Der Tumult der Menschen erdrückt sie beinahe.«

> Robert Schneider: Szenen aus dem Drehbuch. In:
> Joseph Vilsmaier: Schlafes Bruder. Der Film. Mit
> einem Vorwort von Robert Schneider. Leipzig:
> G. Kiepenheuer, 1995. S. 60–109. Hier: S. 100–108.
> – © 1995 Gustav Kiepenheuer Verlag GmbH,
> Leipzig.

Regisseur Vilsmaier erläutert in einem Interview seine Umsetzung des Stoffes:

»*Kreuzer:* Was hat Sie an Robert Schneiders Roman *Schlafes Bruder* am meisten fasziniert?

Vilsmaier: Vor allem die Tatsache, daß einem Schriftsteller
so eine Geschichte überhaupt eingefallen ist. Aber es war
auch die Sprache und Beschreibung des Wahnsinns, der in
diesem Roman steckt. Mich interessierte diese außergewöhnliche Geschichte.

Kreuzer: Wie schätzt Schneider die Verfilmung ein?

Vilsmaier: Er hat von Anfang an darauf bestanden, daß wir
dieses Projekt zusammen machen. Und als er das Resultat
sah, sagte er, er würde diesen Film lieben.

Kreuzer: Auf einer Lesung soll Schneider verkündet haben,
daß sein Roman verfilmt werden soll. Gab es Reaktionen
seitens der Zuhörer?

VII. Zur Verfilmung

Das Bergdorf im Film

Vilsmaier: Ja, es gab Buh-Rufe, weil einige im Podium eine literarische Heiligkeit angegriffen sahen. Manche Bücher werden schnell zu einer Heiligkeit, von der Leute sagen, daß man sie nicht mehr anrühren dürfe. Einen Film darf man schon gar nicht aus ihnen machen. Ich sehe das anders.

Kreuzer: Gab es Situationen, in denen Sie das Handtuch werfen wollten?

Vilsmaier: Wir haben uns im Team geschworen, daß jeder zwei bis drei Wochen vor Drehbeginn hätte aussteigen können. Wir wußten, welche Schwierigkeiten uns der Film bereiten und welche Schwierigkeiten wir mit der Natur haben würden. Aber jeder ist bis zum Schluß geblieben. Es war wie eine Verschwörung unter hundert Menschen, die fünf Monate von der Außenwelt abgeschieden in einem Bergdorf einen Film machen.

94   *VII. Zur Verfilmung*

Kreuzer: Gab es Test-Screenings wie in Amerika?

Vilsmaier: Ja. Wir haben in der Bavaria Test-Vorführungen gemacht, um festzustellen, wie der Film ankommt. Bereits bei der ersten Vorführung waren alle verstummt, als der Schlußtitel kam. Sogar als das Licht anging, blieben die Leute sitzen, haben kein Wort gesprochen und gingen auch wortlos aus dem Kino.

Kreuzer: Haben Sie sich an der Suche nach dem richtigen Drehort beteiligt?

Vilsmaier: Wenn ich einen Film mache, dann kümmere ich mich um alles. Da suche ich die Locations und die Hotels aus und bin im ersten Moment Produzent. Erst später bin ich der Regisseur, der sich Motive überlegt und seinen Drehplan entwirft. Als letztes übernehme ich die Rolle des Kameramanns.

Kreuzer: Sie gelten als Perfektionist. Wieviel Zeit bleibt ihnen für Improvisationen?

Vilsmaier: Bei den Dreharbeiten geht es nicht chronologisch zu. Ich lasse mich von der momentanen Idee inspirieren. Ich denke, die Improvisation sollte man sich immer erhalten.

Kreuzer: Das Buch hat eine Dichte, die im Film schwer darzustellen ist. Gab es Differenzen bei der Umsetzung von Bildern?

Vilsmaier: Im Vordergrund steht, daß man sein Budget überblicken muß. Wir sind nicht in Amerika, wo ich hundert Millionen Dollar drauflege wie bei *Waterworld*. Meine Co-Partner sind ja nicht verrückt. Hier machte uns die Intensität der beschriebenen Bilder Schwierigkeiten.

Kreuzer: Wie haben Sie sich an das akustische Problem des Hörens herangewagt?

Vilsmaier: Man kann sich beim Lesen vorstellen, wie etwas klingt, aber man hört es nicht. Wir haben uns überlegt, was Elias in seiner Genialität wohl hören könnte. Wir haben die Geräusche, die Elias bei seinem ›Hörwunder‹ erlebt, alle aus

VII. Zur Verfilmung

der Natur genommen. Mit Spezialmikrophonen haben wir tagelang, vor dem Drehen, in den Pausen und nach der Arbeit, Geräusche aufgenommen, die das menschliche Ohr nicht hören kann. Hubert von Goisern, unser Komponist, ist mit einem Tonmeister nachts unterwegs gewesen, um in den Bergen Geräusche vom Wind und von Stürmen aufzunehmen.

Kreuzer: Die Geschichte handelt von einem Jungen, der an der Last seines Schicksals zerbricht. Das klingt nach zeitloser Handlung.

Vilsmaier: Obwohl die Handlung zu Beginn des 19. Jahrhunderts spielt, kann man die Geschichte auf die heutige Zeit übertragen. Elias ist Genie und Außenseiter zugleich. Er könnte ein begnadeter Musiker sein, doch sein Talent wird nicht entdeckt. Das hängt mit seinem Leben in Eschberg, dem kleinen Bergdorf, zusammen. Dort zählen andere Maßstäbe als das Musizieren. In der Stadt hätte man seine Begabung vielleicht erkannt.

Kreuzer: In welches Genre gehört *Schlafes Bruder*?

Vilsmaier: Es ist ein Heimatfilm.

Kreuzer: Dem Heimatfilm haftet seit den fünfziger Jahren ein ziemlich miefiges Image an. Fühlen Sie sich wohl bei dem Gedanken?

Vilsmaier: Für mich ist jeder Western ein Heimatfilm, sogar *Manhattan* von Woody Allen ist ein Heimatfilm. Der Geruch, der über Jahrzehnte so negativ besetzt geblieben ist, hat sich gewandelt. Denken Sie an *Heimat* von Edgar Reitz oder *Herbstmilch*.

Kreuzer: Kümmert es Sie, was die Kritiker schreiben?

Vilsmaier: Ich bin sehr neugierig und sortiere auch die Kritiken. Doch entscheidend ist das Publikum, das sich nicht immer an Kritiken hält.«

Jens Häntzschel: »Robert Schneider liebt diesen Film«. Interview mit Joseph Vilsmaier. In: Kreuzer (Leipzig) 10 (1995). S. 66. – © Kreuzer. Leipzig.

VII. Zur Verfilmung

Die Reaktionen der Kritik auf Vilsmaiers Film weichen stark voneinander ab; es überwiegen negative Stimmen. Hier einige Auszüge:

»So hat Vilsmaier an nichts gespart, um seinem Film Größe zu geben. Breit und füllig, auch mit angemessener Dumpfheit und Düsternis, malt er den Alltag des Bergdörfchens aus, dessen Wohl und Wehe untergründig-unheilvoll mit dem Schicksal der Liebenden verknüpft ist. Mit Schwung jagt er seine Kamera über die Alpen, um Bilder des Glücks zu gewinnen. Und mit sich mächtig türmenden Montagen macht er Visionen aus jenen metaphysischen Hörstürzen, wo seinen Helden die Sphärenmusik der Schöpfung selbst durchdringt. Das ist nicht gekleckert, sondern geklotzt: Respekt, lieber Vilsmaier!
Nur muß nun leider auch heraus: Es hat alles nicht geholfen; die Quantität will störrischerweise partout nicht in Qualität umkippen; die kinematographische Offensive bleibt erschlagend, wird nicht überwältigend und erhebend.
Vielleicht hat die Liebe, die blind macht, Vilsmaier verkennen lassen, daß Schneiders betörend eleganter Roman auch ein gleisnerisches Blendwerk ist. Mit schönen Worten läßt sich manches leichthin bis an den höchsten Himmel hinauf behaupten, was dann auf Breitleinwand und in digitalem Dolby-Surroundton nur angestrengt, hohl und dröhnend daherkommt.
Und vielleicht hat auch Schneider selbst als Drehbuchautor sich allzu nachgiebig den sogenannten Kino-Spielregeln gebeugt. Elias, dem im Buch eine monströse Körperlichkeit eigen ist, erscheint zum engelhaften Schwärmer verhübscht, und den zentralen Teil seiner Geschichte mit Elsbeth und Peter, der im Roman in der Kindheit spielt, macht der Film zu einem Drama zwischen Erwachsenen.
André Eisermann (Elias), Dana Vávrová (Elsbeth) und Ben Becker (Peter) agieren mit jener Intensität, in der sich beträchtlicher Leidens- und Leidenschaftsdruck äußert. Sie

VII. Zur Verfilmung

sind nicht nur schön, sondern an sich auch sehenswert, ihr Rollenschicksal aber, Gott sei's geklagt, zwingt sie in einen exorbitanten Krampf. Gewiß, *Schlafes Bruder* ist ein Gesamtkunstwerk, aber doch nur das Neuschwanstein des Heimatfilms.

Das weltmarktmaßgebliche Fachblatt *Variety* stimmt Fanfaren an und gibt *Brother of Sleep* die Chance, zum größten deutschen Kino-Welterfolg seit *Das Boot* zu werden. Dies Wort aus Hollywood in Gottes Ohr.«

Urs Jenny: Verlorene Liebesmüh. In: Der Spiegel.
2. 10. 1995. – © Urs Jenny, Hamburg.

»Vilsmaiers Zugriff auf den Stoff und die Bravour der Effekte sind eine Wucht, sein Vermögen ist bemerkenswert, die Staffage der Laiendarsteller, wobei vornehmlich der undenunziatorische Umgang mit den Mongoloiden besticht, über den Rang der Statisterie hinauszuheben und mit den bis in die winzigen Nebenrollen exzellenten Schauspielern zu einem großen Ensemble zu verschmelzen. André Eisermann glüht nach seinem Kaspar Hauser zum zweitenmal geradezu als Außenseiter, Dana Vávrová ist als Elsbeth nicht nur Getriebene, sondern mindestens so sehr hilflos Treibende, und Ben Beckers Feuer brennt dem Rotschopf Peter eine Intensität ein, die ihn – darin dem Roman unterschieden – insgeheim zur Hauptfigur macht.

Schlafes Bruder, fremd und ergreifend im Kino, gleicht einer unfrommen Liturgie, die bannt, aber auch auf Distanz hält. Vilsmaier hat das Geschehen vollkommen der fernen Zeit überantwortet. Die Analogien ins Heute sind alleine dem Zuschauer aufgetragen.«

Hans-Dieter Seidel: Komm, o Tod, und führe mich nur fort. In: Frankfurter Allgemeine Zeitung.
5. 10. 1995. – © Hans-Dieter Seidel, Frankfurt a. M.

VII. Zur Verfilmung

»Wenn man aber dann den Film sieht, wundert einen gar nichts mehr. Vilsmaier hat nicht nur das Blöken und Piepsen, das Grunzen und Schnauben der Viecher und Menschen wundermild in seinen Cinemascope-Kasten geholt, er hat auch der Geschichte gerade jenen romantischen Geist ratzeputz ausgetrieben, der sie wider alle Alpenseligkeit am Leben erhält. Sein Elias ist kein glühender Schmerzensmann, sondern der allzeit wacker kasparhausernde André Eisermann, dem man seinen musikalischen Genius so wenig ansieht wie einem Boxer die Liebe zur Literatur. Und Peter, des Elias zärtlich-grober Freund, ist der noch wackerere Ben Becker, dessen Versuche, einen Hauch Homoerotik in diese Hintersassenwelt zu bringen, auf rührende Weise an die intimen Abenteuer von Huckleberry Finn mit Tom Sawyer erinnern. Elsbeth schließlich, Elias' Angebetete, ist die unverwüstliche Dana Vávrová, die auch diesmal wieder ihre Rolle aus zwei, drei Gesten und Mienen zusammensetzt, als wären von *Herbstmilch* bis *Schlafes Bruder* alle Frauen eins und gleich. Wenn die drei auftreten, reden sie reines Hochdeutsch, so wie der Film, wenn er flott sein will, gebrochenes Amerikanisch spricht. Da schwellen die Herzen, da verlöschen pathetisch die Kerzen beim Feldberger Orgelwettbewerb, als Elias den Ruhm der großen Welt gewinnt – freilich nicht mit Bachs Choral ›Kömm, o Tod, Du Schlafes Bruder‹, sondern mit einem pompösen Pop-Mischmasch, den der Komponist Hubert von Goisern für Vilsmaier angerichtet hat. Was sind Worte, was Buchtitel? Kömm, o Kitsch! ›Macht Koteletts aus *Schlafes Bruder*!‹ hat der Autor Robert Schneider im Spaß ausgerufen. Das hat er jetzt, ganz ernst und zäh, zusammen mit Vilsmaier getan. Aber Schneider ist ja noch jung, und so wird er vielleicht auch einmal Bücher schreiben, die man nicht im Kino essen kann. Und Joseph Vilsmaier wird weiter Bauernschmäuse wie diesen anrichten. So geht alles seinen geregelten Gang im deutschen Film.«

Andreas Kilb: Kömm, o Kitsch! In: Die Zeit. 6. 10. 1995. – © Die Zeit, Hamburg.

VIII. Literaturhinweise

1. Ausgaben

Robert Schneider: Schlafes Bruder. Roman. Leipzig: Reclam, 1992 [u. ö.]. [Erstausgabe.]
- Schlafes Bruder. Roman. Leipzig: Reclam, 1994 [u. ö.]. (Reclam-Bibliothek. 1518.)
- Schlafes Bruder. Roman. Sonderausgabe mit einer Vorstudie zum Roman im Anhang. Leipzig: Reclam, 1995.
- Schlafes Bruder. Roman. Großdruck. München: Deutscher Taschenbuch Verlag, 1997. (dtv-Großdruck. 25130.)
- Schlafes Bruder. Roman. Einmalige Sonderausgabe. Leipzig: Reclam, 1998. (Reclam-Bibliothek. 3001.)

Im Verlag Jutta Steinbach (Schumm sprechende Bücher) erschien *Schlafes Bruder*, gesprochen von Fritz Hammel, als Hörbuch, auf fünf MCs (1995) und sechs CDs (1998).

2. Filmbuch

Joseph Vilsmaier: Schlafes Bruder. Der Film. Mit einem Vorwort von Robert Schneider. Leipzig: G. Kiepenheuer, 1995.

Die Film-Musik *Schlafes Bruder*, produziert von Hubert von Goisern, erschien 1995 als CD bei BMG Ariola.

3. Sammelbände

Rainer Moritz (Hrsg.): Über *Schlafes Bruder*. Materialien zu Robert Schneiders Roman. Leipzig: Reclam, 1996 [u. ö.]. (Reclam-Bibliothek. 1559.) [Darin u. a. Rezensionen zu Buch und Film sowie Originalbeiträge von Rainer Moritz, August Everding, Hermann Wallmann, Klaus Zeyringer, Hermann Schlösser, Mark Werner und Ursula Edinger.]
Evelyne Polt-Heinzl / Christine Schmidjell (Hrsg.): Doku Dossier 6: Robert Schneider, *Schlafes Bruder*. Buch und Film – Materialien. Wien: Dokumentationsstelle für neuere österreichische Literatur, 1995.

VIII. Literaturhinweise

4. Sekundärliteratur

Die in den unter »3. Sammelbände« genannten Werken enthaltenen Aufsätze werden hier nicht eigens aufgeführt.

Osman Durrani: Non-verbal communication in Robert Schneider's novel *Schlafes Bruder*. In: Arthur Williams / Stuart Parkes / Julien Preece (Hrsg.): Contemporary German writers, their aesthetics and their language. Bern [u. a.]: Lang, 1996. S. 223–236.

Herwig Gottwald: Mythos und Mystisches in der Gegenwartsliteratur. Studien zu Christoph Ransmayr, Peter Handke, Botho Strauß, George Steiner, Patrick Roth und Robert Schneider. Stuttgart: Heinz, 1996.

Ulrich Klingmann: Sprache und Sprachlosigkeit: Zur Deutung von Welt, Schicksal und Liebe in Robert Schneiders *Schlafes Bruder*. In: Hans-Jörg Knobloch / Helmut Koopmann (Hrsg.): Deutschsprachige Gegenwartsliteratur. Tübingen: Stauffenburg-Verlag, 1997. S. 205–221.

Jutta Landa: Robert Schneiders *Schlafes Bruder*: Dorfchronik aus Kalkül? In: Modern Austrian Literature 29 (1996). H. 3/4. S. 157–167.

Magret Möckel: Erläuterungen zu Robert Schneider, *Schlafes Bruder*. Hollfeld: Bange, 1997.

Klaus Zeyringer: Versuch einer literaturwissenschaflichen Autopsie eines Bestsellers. Zu Robert Schneiders *Schlafes Bruder*. In: K. Z.: Österreichische Literatur 1945–1998. Überblicke, Einschnitte, Wegmarken. Innsbruck: Haymon-Verlag, 1999. S. 499–519.

Abbildungsnachweis

25 Robert Schneider, 1996. Foto: Gaby Waldeck, Leipzig.

93 Das Bergdorf im Film »Schlafes Bruder«. Foto: Dieter Durchdewald, Stuttgart.

Der Verlag Philipp Reclam jun. dankt für die Nachdruck- und Reproduktionsgenehmigung den Rechteinhabern, die durch den Textnachweis und einen folgenden Genehmigungs- oder Copyrightvermerk bezeichnet sind. In einigen Fällen waren die Inhaber der Rechte nicht festzustellen; hier ist der Verlag bereit, nach Anforderung rechtmäßige Ansprüche abzugelten.

Erläuterungen und Dokumente

zu Böll, *Ansichten eines Clowns.* 84 S. UB 8192 – *Die verlorene Ehre der Katharina Blum.* 222 S. UB 16011

zu Borchert, *Draußen vor der Tür.* 107 S. UB 16004

zu Brecht, *Der kaukasische Kreidekreis.* 120 S. UB 16007

zu Brentano, *Geschichte vom braven Kasperl und dem schönen Annerl.* 148 S. UB 8186

zu Büchner, *Dantons Tod.* 112 S. UB 8104 – *Lenz.* 173 S. UB 8180 – *Woyzeck.* 96 S. UB 8117

zu Chamisso, *Peter Schlemihl.* 112 S. UB 8158

zu Döblin, *Berlin Alexanderplatz.* 286 S. UB 16009

zu Droste-Hülshoff, *Die Judenbuche.* 87 S. UB 8145

zu Dürrenmatt, *Der Besuch der alten Dame.* 93 S. UB 8130 – *Die Physiker.* 243 S. UB 8189 – *Romulus der Große.* 96 S. UB 8173

zu Eichendorff, *Aus dem Leben eines Taugenichts.* 120 S. UB 8198 – *Das Marmorbild.* 94 S. UB 8167

zu Fontane, *Effi Briest.* 168 S. UB 8119 – *Frau Jenny Treibel.* 111 S. UB 8132 – *Grete Minde.* 80 S. UB 8176 – *Irrungen, Wirrungen.* 148 S. UB 8146 – *Schach von Wuthenow.* 155 S. UB 8152 – *Der Stechlin.* 181 S. UB 8144

zu Frisch, *Andorra.* 88 S. UB 8170 – *Biedermann und die Brandstifter.* 128 S. UB 8129 – *Homo faber.* 196 S. UB 8179

zu Goethe, *Egmont.* 165 S. UB 8126 – *Götz von Berlichingen.* 176 S. UB 8122 – *Iphigenie auf Tauris.* 112 S. UB 8101 – *Die Leiden des jungen Werther.* 192 S. UB 8113 – *Novelle.* 160 S. UB 8159 – *Torquato Tasso.* 251 S. UB 8154 – *Urfaust.* 168 S. UB 8183 – *Die Wahlverwandtschaften.* 228 S. UB 8156 – *Wilhelm Meisters Lehrjahre.* 398 S. UB 8160

zu Gotthelf, *Die schwarze Spinne.* 93 S. UB 8161

zu Grass, *Die Blechtrommel.* 223 S. UB 16005 – *Katz und Maus.* 192 S. UB 8137 – *Das Treffen in Telgte.* 168 S. UB 16012

zu Grillparzer, *Der arme Spielmann.* 167 S. UB 8174 – *König Ottokars Glück und Ende.* 112 S. UB 8103 – *Weh dem, der lügt!* 103 S. UB 8110

zu Hauptmann, *Bahnwärter Thiel.* 54 S. UB 8125 – *Der Biberpelz.* 104 S. UB 8141 – *Die Ratten.* 183 S. UB 8187

zu Hebbel, *Maria Magdalena.* 96 S. UB 8105

zu Heine, *Deutschland. Ein Wintermärchen.* 208 S. UB 8150

zu Hesse, *Demian. Die Geschichte von Emil Sinclairs Jugend.* 86 S. UB 8190 – *Der Steppenwolf.* 156 S. UB 8193 – *Unterm Rad.* 110 S. UB 8200

zu Hölderlin, *Hyperion.* 339 S. UB 16008

zu Hoffmann, *Das Fräulein von Scuderi.* 136 S. UB 8142 – *Der goldne Topf.* 160 S. UB 8157 – *Klein Zaches genannt Zinnober.* 170 S. UB 8172 – *Der Sandmann.* 172 S. UB 8199

zu Hofmannsthal, *Jedermann.* 88 S. UB 16003

zu Horváth, *Jugend ohne Gott.* 148 S. UB 16010

zu Ibsen, *Nora (Ein Puppenheim).* 86 S. UB 8185

zu Johnson, *Mutmassungen über Jakob.* 144 S. UB 8184

zu Kafka, *Der Proceß.* 230 S. UB 8197 – *Das Urteil.* 144 S. UB 16001 – *Die Verwandlung.* 196 S. UB 8155

zu Keller, *Kleider machen Leute.* 108 S. UB 8165 – *Romeo und Julia auf dem Dorfe.* 88 S. UB 8114

zu Kleist, *Amphitryon.* 160 S. UB 8162 – *Das Erdbeben in Chili.* 151 S. UB 8175 – *Das Käthchen von Heilbronn.* 162 S. UB 8139 – *Die Marquise von O…* 125 S. UB 8196 – *Michael Kohlhaas.* 111 S. UB 8106 – *Penthesilea.* 159 S. UB 8191 – *Prinz Friedrich von Homburg.* 204 S. UB 8147 – *Der zerbrochne Krug.* 157 S. UB 8123

zu J. M. R. Lenz, *Der Hofmeister.* 183 S. UB 8177 – *Die Soldaten.* 88 S. UB 8124

zu Lessing, *Emilia Galotti.* 109 S. UB 8111 – *Minna von Barnhelm.* 111 S. UB 8108 – *Miß Sara Sampson.* 93 S. UB 8169 – *Nathan der Weise.* 175 S. UB 8118

zu H. Mann, *Der Untertan.* 162 S. UB 8194

zu Th. Mann, *Mario und der Zauberer.* 104 S. UB 8153 – *Der Tod in Venedig.* 196 S. UB 8188 – *Tonio Kröger.* 102 S. UB 8163 – *Tristan.* 96 S. UB 8115

zu Meyer, *Das Amulett.* 68 S. UB 8140

zu Mörike, *Mozart auf der Reise nach Prag.* 117 S. UB 8135

zu Nestroy, *Der Talisman.* 96 S. UB 8128

zu Novalis, *Heinrich von Ofterdingen.* 236 S. UB 8181

zu Schiller, *Don Carlos.* 238 S. UB 8120 – *Die Jungfrau von Orleans.* 160 S. UB 8164 – *Kabale und Liebe.* 147 S. UB 8149 – *Maria Stuart.* 214 S. UB 8143 – *Die Räuber.* 232 S. UB 8134 – *Die Verschwörung des Fiesco zu Genua.* 263 S. UB 8168 – *Wallenstein.* 294 S. UB 8136 – *Wilhelm Tell.* 111 S. UB 8102

zu Schneider, *Schlafes Bruder.* 101 S. UB 16015

zu Schnitzler, *Reigen.* 152 S. UB 16006

zu Shakespeare, *Hamlet.* 264 S. UB 8116

zu Sophokles, *Antigone.* 86 S. UB 8195

zu Stifter, *Brigitta.* 85 S. UB 8109

zu Storm, *Hans und Heinz Kirch.* 94 S. UB 8171 – *Immensee.* 88 S. UB 8166 – *Der Schimmelreiter.* 101 S. UB 8133

zu Tieck, *Der blonde Eckbert / Der Runenberg.* 85 S. UB 8178

zu Wedekind, *Frühlings Erwachen.* 204 S. UB 8151

zu Weiss, *Marat/Sade.* 189 S. UB 16002

zu Zuckmayer, *Der Hauptmann von Köpenick.* 171 S. UB 8138

Philipp Reclam jun. Stuttgart